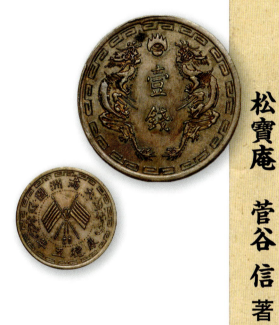

偽満洲國貨幣図鑑

附 東北三省の貨幣 および珍銭珍貨

松寶庵 菅谷 信 著

序　言

日本著名的钱币学家、收藏家菅谷信先生的大著《伪满洲国货币图鑑》杀青问世，谨致以热烈的祝贺！

菅谷先生少年时代即对古钱币有浓厚的兴趣。二十岁时开始自己的收藏和研究。经过数十年，已经积累了大量的藏品。其中又不仅钱币而已，即如宋瓷、日本刀，以至早期枪具等都在收藏之列，可说蔚为大观。但他所最钟爱的仍然是古代钱币，尤以对满洲国钱币的收藏和研究用功最多，藏品也最为丰富和最具特点，他从美国花重金购得的"康德五年试作银币"与伪满1944年版的壹仟圆纸币都是罕见的珍品。

伪满洲国是日本军国主义侵略中国，在中国的东北地区制造的一个殖民地傀儡政权。从一九三一年"九·一八"事变后成立，至一九四五年随着第二次世界大战结束日本的投降而灭亡。日本的侵略给中国人民带来巨大的灾难，对日本来说，也是一段不光彩的历史，而且最终给日本人民也带来了巨大的灾难。这段历史需要铭记，需要加以研究，而这一时期伪满的经济史、金融史的研究就是一个重要的方面。伪满钱币更是这一段历史的实物见证和重要的研究资料。事实说明："伪满洲中央银行的货币制造、发行，始终被日本关东军所控制、支配，并为日本关东军提供军费"（见李重著：《伪满洲国货币研究》，2002年版），是为日本军国主义侵略战争服务的一个重要工具。前事不忘，后世之师，菅谷先生的收藏，以及这部书的出版，就为伪满洲国金融历史的研究提供了丰富的实物资料。

菅谷先生致力于中日两国钱币学界的学术交流。他从上世纪七十年代起访问中国，时当中国改革开放之初，钱币学的研究刚刚恢复和开展。他同中国钱币学会的领导和老一辈学者如千家驹、马定祥、吴筹中各位先生以及当代一些著名学者王贵忱、戴志强、马飞海、黄锡全各位先生都有不少交往。浙江省博物馆邀请他担任学术顾问。他曾多次访问辽宁，对辽宁钱币界的一些活动积极参加，并提出过一些很好的建议。中国钱币学会辽宁分会副会长吴振强先生是他的好友之一。吴先生去世后，他亲自到家中吊唁，悲痛难抑，对此，大家都很感动。

我认识菅谷先生是上世纪八十年代，那时中国钱币学会辽宁分会正在筹建中。当时相谈甚欢，他对钱币研究的热衷和诚恳亲切的态度，都给我们以深刻的印象。我请他参观辽宁省博物馆所藏《古泉汇》等藏品，他惊讶于辽博竟然有不少外国钱币，包括日本"皇朝十二钱"的收藏。我们一起商定合作举办一次中日钱币文化交流展览。至1992年，他以日本货币协会理事、横滨货币俱乐部会长的身份，组织了日本钱币学者和收藏家二十人持大量日本钱币来辽宁共同展出并进行学术交流，他还捐资铸造纪念银币以为这次活动的纪念。这在当时的辽宁钱币学界是一件大事，在中国钱币学界也有很好的影响。后来，我们应日本橿原考古研究所之邀访日，他又陪同我们去参观日本银行的货币博物馆，受到了日本货币协会会长郡司勇夫先生的热情接待。这次参观，使我们增加了对日本钱币、对中日两国货币文化之相互关系方面的认识，颇有收获。

菅谷先生为人谦和笃诚，重视友谊，有君子之风。这方面，我们认识他的人都有感受。现在，凝聚着菅谷先生心血的这部书出版了，希望会对伪满洲国钱币的研究向前推进，对中日钱币学术交流也会向前推进！

辽宁省博物馆　研究员　徐秉琨

日本の有名な貨幣学者、収集家（コレクター）である菅谷信先生の著作『偽満洲国貨幣図鑑』が出版・発行されることを心よりお祝い申し上げます。

　菅谷先生は少年時代から古銭に深い興味を持って、20歳頃から貨幣の収集と研究をはじめました。数十年間が経った今、先生は大量の収集品を持つようになり、そのコレクションには貨幣だけではなく、宋朝の磁器、日本刀、早期の銃器など様々な分野のものが含まれます。

　先生が一番興味を持って研究・収集したのが古代貨幣です。その中でも一番力を入れたのが満洲国貨幣で、アメリカから高値で入手した「康徳五年試鋳銀貨」、1944年版の満州千円紙幣など大珍品もあります。

　偽満洲国とは日本が中国侵略時に作った傀儡政権であり、1931年の満洲事変後に成立し、1945年の日本の敗戦によって消滅しました。日本の歴史に汚点を残した中国侵略は中国人民だけではなく、日本人民にも多大な災難をもたらしました。この歴史は銘記し、研究されなければなりません。そしてこの時期の満洲経済史、金融史の研究で最も重要な物的証拠と研究資料になるのが満洲貨幣なのです。"満洲中央銀行の貨幣製造、発行はすべて関東軍に支配され、関東軍に軍事経費を提供し"（李重著『偽満洲国貨幣研究』、2002年）、実際に軍国主義の侵略戦争の重要な道具になりました。前事を忘れざるは後事の師なり。菅谷先生の収集及びこの『偽満洲国貨幣図鑑』の発行が満洲国金融史の研究に大量の実物資料を提供することは間違いありません。

　菅谷先生は長年にわたって、中日両国貨幣学界の学術交流に力を入れてきました。先生が中国を訪問し始めた1970年代の中国は改革開放を始める時期で、貨幣学の研究も再開して間もない時期でした。先生は中国銭幣学会の重鎮及び著名な研究家である千家駒、馬定祥、呉籌中や、現職の有名な学者王貴忱、戴志強、馬飛海、黄錫全先生などとも深い親交を結んでいました。その間浙江省博物館の要請に応じて学術顧問にもなりました。遼寧省にも何回も訪れ、遼寧銭幣界の活動に積極的に参加し、多くの有益な提案をされてきました。中国銭幣学会遼寧分会副会長の呉振強先生と特に親交が深くて、呉先生が亡くなったときは自ら弔問にまで来られ、その誠意に皆感動したこともありました。

　私が菅谷先生と出会ったのは1980年代、中国銭幣学会遼寧分会が準備中の時でした。その時の先生との交流を通じて、先生の貨幣研究に対する情熱と人に対しての親切さに、深く感銘を受けました。遼寧省博物館の所蔵品『古泉匯』などを見学するとき、遼寧省博物館に数多い外国銭、特に日本の皇朝十二銭を所蔵していることに感心し、先生は私と相談して中日貨幣交流展示会を企画することを決めたのでした。1992年に至って、日本貨幣協会の理事、横浜貨幣倶楽部会長を勤めた菅谷先生ら日本の貨幣学者、コレクター20人は大量の日本貨幣を持参して展示会に足を運び、様々な形式の学術交流にも参加しました。さらに、先生は自ら出資して記念銀貨を鋳造し、展示会に贈呈されたのです。このことは遼寧銭幣学界及び中国銭幣学界にも大きな影響を与えたのです。

　その後、私達が日本橿原考古学研究所の招待で訪日した際は、先生も日本銀行貨幣博物館の見学に同行され、当時の日本貨幣協会会長だった郡司勇夫先生も自ら接待してくださいました。その見学を通じて、我々は日本の貨幣、中日両国貨幣の文化的関連性などに対して新たに認識を深め、多方面で大きな収穫を得ることができました。

　菅谷先生はとても謙虚で誠実な、それに友情を重視する君子の風に溢れた方であります。これは先生を知っている誰もが感じていることです。今回、先生の成果の大集成として『偽満洲国貨幣図鑑』が出版・発行されることで、満洲国貨幣への研究がより前進し、さらに中日貨幣学術交流もその勢いを受け、より盛んになることを期待しています。

遼寧省博物館元館長　研究員　徐秉琨

序　文

　頃日、畏友菅谷さんから『旧満洲国貨幣図鑑』の上梓を決意したので、巻頭に一言記してほしい旨依頼された。素より浅学非才の私など到底その任ではないと固辞したが、たってのご要望があり、恥を曝す次第となった。

　今を去る半世紀も昔、菅谷さんも私も三十歳前後の頃、同じ古銭収集の趣味を持ち、勉強会も同じ、一九五七年（昭和三十二年）発足した日本貨幣協会にも共に加入し会員となり、更に菅谷さんと私の勤務先が近いこともあり、折々訪問し泉談の花を咲かせた記懐が残っている。時移り菅谷さんは一念発起して古美術・骨董の世界に転進されたが、貨幣収集研究は相変わらず精力的に活動されていた。その頃たまたま民間初の中国との文化交流団の一員として中国訪問の機会を得、従来の日本貨幣中心の収集から中国貨幣にも深い興味を抱き、爾来中国各地の収集家と連繋を持ち、幅広く中国貨幣の収集研究に打ち込まれ、中国建国後の過渡期に、兎角中国古貨幣類がスクラップ化、散逸等の事態を憂い、出来る限りの収集、保全に腐心された。

　一九四九年（昭和二十四年）中華人民共和国が成立し、三十四年後の一九八三年（昭和五十八年）に、中国貨幣を初め貨幣全般の研究、保全等を行う機関として全中国を統轄する中国銭幣学会が設立された。この後続々と省単位で銭幣学会が設立され、同時に日本の貨幣収集研究者及び団体との交流が活発化した。この間、特に一九九二年（平成四年）六月、菅谷さんが団長として日本各地の古銭家有志が参加し、瀋陽市遼寧博物館に於いて日中貨幣学術交流会が開催され、北京を始め各地の貨幣関係者が参加し、盛大に講演会、見学会が開催された。この時恰も瀋陽東北銭幣学会の創立大会が行われ、菅谷さんは来賓として招かれたことは、陰に陽に銭幣学会設立に貢献された証しであり、中国の他の地域に対しても目立ぬ努力を果たされてきたのである。

　今般、菅谷さんの旧満州国の貨幣資料の上梓について意義を考えてみる。

　現中国東北部旧満洲国の地域は、一九三二年（昭和七年）日本の後楯で独立国家となり、当時日本政府の政策は蒙古を含めた満蒙の開拓を重要政策とし、日本からは国策に従い多数の人々が旧満州へ渡り、一方で莫大な投資を行って社会資本の整備拡充を図り、当然流通の要である貨幣も日本の技術、デザインによって整備流通されていた。やがて一九四五年（昭和二十年）日本の敗戦により旧満州国は崩壊し、日本は多数の「負の遺産」を残した。旧満洲国の経済を支配した通貨も又紙屑、金属屑として廃棄、焼却等の運命となった。

　旧満州国の成立と滅亡に至る歴史的な解釈の深奥は私如き者の論ずべき範疇を超える。然し、菅谷さんは個人的に特に親しまれた遼寧の地を通し、感得された日本人の足跡の一つを旧満洲国通貨に見出し、散逸、廃却される運命のこれら通貨を収集し、以って歴史の証人として保管し、更にこれらを刊本の中に留めることを決意されたものと思う。

　菅谷さんは古銭家的精緻な配慮を以って、完璧を目指して収集に努められ、紙幣類の銅版、見本刷りと、硬貨の試作品等貴重な品を含む見事な資料集を編集された。

　末尾ながら、菅谷さんの永年に渉る収集、保全の労苦を讃え、願くは本資料が末永く研究者の座右に在って研究の資とされることを。

平成二十三年吉日
八十四叟　豊泉　川田　晋一　謹記

前些日子，挚友菅谷先生委托我为他即将出版的书籍《伪满洲国货币图鉴》写序文。我认为以我的才识是无法胜任，因此曾经几次推辞，但是在菅谷先生极力的要求下只能勉为其难的接受了任务。

半个世纪前的菅谷先生和我都是30岁左右的年龄。我们对古钱币的收藏有着共同的爱好，共同参加学习会，并一起加入了在1957年（昭和32年）发起成立的日本货币协会当了会员。当时我和菅谷先生的单位离得很近，所以经常互相拜访并探讨关于古钱币方面的话题。随着时间的推移，菅谷先生虽然把收藏的重心逐渐移到了古美术，古董等方面，但仍以充沛的精力坚持着对古钱币的收藏和研究。

在一次偶然的机会，菅谷先生作为首次日本民间文化交流访问团的一员访问了中国。通过这次的访问，菅谷先生开始对中国古钱币产生了极大的兴趣，从而开始与中国各地的收藏家们广泛联系，并对中国的古钱币展开了更为深入的研究。对于中国建国后的过渡期当中出现的古钱币的废弃和流失的现象，菅谷先生甚感忧虑，为保全这些古钱币而尽了全力。

1949年（昭和24年）中华人民共和国成立后，经过了34年的岁月。1983年（昭和58年）终于成立了从事货币方面的研究，以及防止古钱币流失为目的的全国性机构—中国钱币学会，并逐渐设立了以各个省为单位的钱币学会。从此中日钱币收藏研究家以及团体的交流活动也逐渐开展了起来。

特别要提到的是1992年（平成4年）6月，在沈阳市的辽宁省博物馆举行的日中货币学术交流会。当时菅谷先生做为团长，率领日本各地古钱币研究家和爱好者，参加了这一盛会。以北京为首的中国各地有关货币方面的研究单位和爱好者纷纷来参加这次的交流会。并展开了各种演讲会，参观会等活动。在这同时举行的沈阳东北钱币学会的成立大会，菅谷先生以嘉宾的身份参加了成立仪式。这表明菅谷先生对钱币学会的成立，以及对中国各地的钱币学会的活动所做的贡献是不可忽视的。

这次菅谷先生的《伪满洲国货币图鉴》的问世，有着其重要的意义。

中国东北地区旧满洲国地域，在1931年（昭和7年）以日本为后盾成立了独立的国家。当时的日本政府的重要国策之一就是开拓满蒙地区。响应这一国策，很多人来到了旧满洲地区，进行了大量的投资以完成社会资本的积累。其中占重要地位的流通货币，是沿用日本的技术和设计而制造并流通起来的。1945年（昭和20年）随着日本的战败，导致的伪满洲国的灭亡，日本留下了很多"负面的遗产"。曾经支配了伪满洲国经济的流通货币，被当成废品而遭到了废弃或烧毁的命运。

对于伪满洲国的成立到灭亡的历史性问题，以我的能力是无法更深入的论述和解释的。菅谷先生则在他特别付诸感情的辽宁，发现了当时日本人的足迹之一的伪满洲国货币，并把这些面临废弃，流失命运的货币作为历史的见证而收藏保管了起来，更是决心以书籍的形式把它出版出来。

菅谷先生以他作为古钱币研究收藏家的责任感，经过长期的积累和不屑的努力，终于把这些珍贵的资料编辑成为包括纸币的模版（铜版），样本印刷品，硬币的试铸品等贵重的收藏品的资料集。

最后，对菅谷先生长年累月的收藏成果的问世表示衷心的祝贺，并祝愿本书永远做为钱币研究家们的必备工具而发挥其重要的作用。

平成23年吉日

八十四叟　豊泉　川田　晋一

刊行にあたって

　私が古銭に興味をもち始めたのは、故郷茨城県の実家にあった天保通宝、天保二朱金を何気なく手に取ったのがきっかけでした。その後昭和25年（1950年）に上京し、本格的に収集・研究を始めるようになって、60年が経とうとしています。

　上京した私に古銭・研究収集を指導してくださったのは、高名な古銭家『昭和泉譜』の著者、化粧料で有名な「レート」社長の平尾賛平氏のもとで重役をつとめ、『昭和泉譜』の編集に深く関わった、鈴木一史さんこと、本名鈴木豊明先生でした。

　当時、毎週鈴木先生のもとに伺っては古丁銀、大判、小判、近代銭、試鋳貨、加納夏雄の毛彫りなどの珍品の数々を拝見し、目を養わせていただいたことは、今もありありと脳裏に焼きついてはなれない思い出です。私が鈴木先生に古銭商をやりたいと相談したところ、「売り手殺到で、買い手がない商売だからダメだ」と何度も、強く言われました。私のことを本当に心配されてのことと思っております。また、当時は本当にそういう時代だったのです。その後、時代が変わりコインブームになりましたが、いまでもありがたい言葉として心に残っています。私が古銭家として独り立ちできたのも、鈴木先生のご指導の賜物と、深く感謝しております。

　私が日本貨幣協会に入会したのは昭和32年（1957年）まだ20代の頃でした。当時は衆議院議員真鍋儀十氏が自宅の庭で経営していた江東区の幼稚園が例会の会場でした。先に入会されていた先輩、川田晋一先生とは、現在に至るまで親交させていただいております。その後、会場は浅草の清香寺に移りました。まさに協会の全盛期で郡司勇夫、小林為松、小川浩（文久堂・山本）小川吉儀、大川鉄雄先生らが集まり、例会も盛大そのものでした。

　昭和40年（1965年）、私が住んでいる横浜で、私が主催した横浜貨幣倶楽部の例会が毎月開催されていました。保土ヶ谷駅前の屋号を丸花という料亭の2階大広間が会場で、毎回約100人が集まり、入札会ではたびたび珍品が出品され、熱気に溢れ、多額の取引が成立しました。現在、丸花は区画整理で他所に移ってしまいましたが、丸花時代のことはとてもいい思い出となっています。

　また、忘れてはならないのが『万国貨幣洋行』の著者、陸原保（太田保）先生です。先生は古銭界きっての長老で、ほかにも良質な古銭書を多く出版されただけでなく、毎月古銭会を開催し、古銭学会に多大な貢献をされました。私だけでなく、古銭愛好家が皆尊敬してやまない人物です。

　さて、私が以前より収集、研究していた満洲貨幣に、より深く関わるようになったのは昭和53年（1978年）の中国訪問がきっかけでした。日中平和友好条約成立後、初の訪中となる芸術使節団第一陣22名の一人としての訪問でした。北京、大連、瀋陽、西安を訪問後、西安からは列車で洛陽、徐州、上海と20日間の学術訪問でした。

　それ以後、たびたび中国を訪問し、中国銭幣収集、研究に没頭するようになりました。中国では、北京の銭幣学会の戴志強先生に訪問のたびに銭幣学をご教示いただくなど、ひとかたならぬお世話になりました。瀋陽では銭幣学会の呉振強先生、遼寧省博物館前館長の徐秉琨先生に大変お世話になりました。徐秉琨先生とは、現在に至るまで親交させていただいております。

　また、中国では多くの先生方にお世話になり、ご指導いただきました。劉寧先生、王貴枕先生、馬定祥先生、千家駒先生、馬飛海先生、呉等中先生、董徳義先生、黄錫全先生、王永生先生、邱思達先生、劉継輝先生、呉振強先生、高桂雲先生、劉広隆先生、記して感謝申し上げます。

　その後、遼寧省博物館で平成4年（1992年）に開催された日中銭幣学術交流会には、瀋陽の日本領事が3名出席され、博物館は著名な古銭家「古泉匯」の蔵品を展示されました。中国各地より数万人にも上る出席者が集まる盛大なものとなりました。私は日本からの団長として訪中しました。日本より貨幣愛好家20名が出席し、各人が持ち寄った珍銭・珍貨を展示したことは忘れられない思い出です。この場をお借りして、出席された20名の方々に御礼申し上げます。その後も目覚しい経済発展を遂げた中国、私の愛してやまない中国との交流は、現在まで続いています。

　本書は、利殖にとらわれず、貨幣を愛することを基本理念としてきた私の収集・研究活動の集大成として、旧満洲国の貨幣、通貨を中心にその沿革を出来る限り詳細かつ正確に掲示することを心がけてまとめたものです。本書が出来るまでには、本当に多くの方々にお世話になりました。各位に御礼申し上げます。とりわけ、序言、序文をお寄せくださった、徐秉琨先生、川田晋一先生には、改めて御礼申し上げます。

　本書は、完全を期しましたが、なにぶん私個人の収集、研究によるものですから至らぬ部分もあるかと思います。識者、読者の方々のご指導、ご叱正を賜るとともに、本書を少しでもお役立ていただき、貨幣研究、日中友好の一助となることを願ってやみません。

平成23年10月

松寶庵　菅谷 信

出版说明

我开始对古币感兴趣，源于在日本茨城县的老家偶然发现了江户时期的天保通宝和天保二朱金。之后，我于1950（昭和25）年搬到东京，正式开始古币的收集与研究，至今已近60年。

我在东京进行古币收集研究，受到了铃木一史（铃木丰明）先生的指导。他曾经在著名的古币收藏家、《昭和泉谱》的作者、"Lait"化妆品公司总经理平尾赞平身边担任要职，并参与了《昭和泉谱》的编辑。

当时，我每周都去拜访铃木先生，得以亲眼目睹了古丁银、大判金、小判金、近代铜钱、试筹币、加纳夏雄的毛雕等珍品，开阔了眼界，此番经历至今仍记忆犹新。记得那时，我就想从事古币商一事向铃木先生讨教，他多次语重心长地对我说，"卖家蜂拥，而买家罕至的生意，不能做"，他是发自内心地为我着想，当时的时代也确实如此。

此后，时光流转，日本兴起了"古币热"，而先生当时的话语，仍牢记在我的心中。我后来得以成为古币收藏家，全是受益于铃木先生的教诲，至今心中充满感激之情。

我加入于日本货币协会是1957（昭和32）年，我还20多岁时的。当时，协会例会的会场设在众议院议员真锅仪十先生在自家庭院内经营的东京江东区的幼儿园里。先加入的先辈川田晋一先生，至今仍交往甚密。之后，会场移到了浅草的清香寺。在全盛期，会员有郡司勇夫、小林为松、小川浩（文久堂•山本）、小川吉仪、大川铁雄等先生，例会也盛况空前。

1965（昭和40）年，我在居住地横滨主办了横滨货币俱乐部，每月召开一次例会。会场设在横滨保土个谷火车站前的"丸花"日式饭店二楼大厅，参加者每次约100名，在投标会上经常有珍品出展，场面红火，实现了多笔交易。如今，"丸花"饭店由于城市规划调整搬至他处，而"丸花"时代则成为留在心中美好的回忆。

还有一位不能忘记的先辈，就是《万国货币洋行》的作者，陆原保（太田保）先生。先生是日本古币界首屈一指的老前辈，不仅出版了多部古币方面的巨著，还每月主办古币研究会，对日本古币学界做出了巨大的贡献，受到包括我在内的古币爱好者们的尊敬与爱戴。

我开始收集并研究伪满货币，始于1978（昭和53）年访问中国。中日和平友好条约签订后，我作为首访中国的艺术使节团22名的一员来到了中国。我们访问了北京、大连、沈阳、西安，然后，从西安坐火车到了洛阳、徐州、上海。此次学术访问为期20天。

此后，我经常去中国，对收集研究中国古币产生了浓厚的兴趣。在中国，每每拜访北京钱币学会的戴志强先生，都能获得关于钱币学的指点，受益良多。在沈阳，得到了中国钱币学会的吴振强先生、辽宁省博物馆的徐秉琨先生的多方关照。与徐秉琨先生至今仍保持着深厚的情谊。

此外，在中国，我受到了刘宁、马定祥、千家驹、马飞海、吴等中、董德义、黄锡金、王永、邱思达、刘继辉、吴振强、高桂云、刘广隆诸位先生的关照，在此深表感谢。

1992（平成4）年，辽宁省博物馆举办了中日钱币学术交流会，驻沈阳的三名日本国领事出席了会议，博物馆展出了著名古币收集家「古泉汇」的收藏品，此次交流会吸引了来自中国各地数万名古币爱好者。我作为日本方面代表团的团长也来到了中国，代表团参会人员为20位货币爱好者，每人都拿出了自己收藏的珍品参展，其场面至今难以忘怀。在此，我想对参会的20名日本同仁致以深深的谢意。之后，我怀有深厚感情的中国实现了经济的飞速发展，我们与中国的交流至今仍非常密切。

此书不图盈利。我以爱好作为基本理念进行了古币的收集研究工作，此书力求就此做一融会总结，以伪满洲国的货币为中心，详尽准确地阐述其历史沿革。此书得以付梓，承蒙很多人的大力帮助，在此深表谢意。其中特别要感谢的是为本书作序的徐秉琨先生和川田晋一先生。

本书虽力求完善，但由于本人能力所限，在收集研究方面尚有颇多不足，还请专家及读者不吝赐教。愿此书能为货币研究和中日友好做出贡献。

平成23年10月
松寶庵　菅谷　信

滿洲国成立ポスター

目 次

解説　満洲における貨幣事情と歴史背景 ………………………………… *010*

満洲中央銀行の貨幣 ……………………………………………………… *014*

旧満洲国と満洲中央銀行発行の貨幣一覧 ……………………………… *015*

東三省の貨幣配符－満洲中央銀行創立前－ ………………………………*084*

東三省の貨幣ほか一覧 …………………………………………………… *085*

中華民国の貨幣 …………………………………………………………… *196*

中華民国の貨幣ほか一覧 ………………………………………………… *198*

蒙疆銀行の貨幣 …………………………………………………………… *218*

蒙疆銀行の貨幣ほか一覧 ………………………………………………… *219*

【巻末資料】……………………………………………………………… *241*

　著者の収集・日中貨幣文化交流活動の足跡など ……………………… *242*
　満洲中央銀行、小切手 …………………………………………………… 245
　日本銀行在外代理店、満洲中央銀行小切手 …………………………… 246
　中國銀行、小切手 ………………………………………………………… 247
　満洲中央銀行、様本帳 …………………………………………………… 249
　満洲中央銀行、台帳元票 ………………………………………………… 251
　満洲帝國郵政、建国10年記念初日カバー ……………………………… 256
　満洲帝國郵政、為替切手、工賃預票 …………………………………… 257
　満洲企業、有価証券類 …………………………………………………… 258
　満洲國、同記商場株式会社商品券 ……………………………………… 264
　中華民国税務部、山林売却売買証書、登記書類、印紙一式 ………… 266

　＜著者所有の珍銭・珍貨の紹介＞ ……………………………………… 270
　・臺灣銀行の紙幣 ………………………………………………………… 270
　・中華匯業銀行の紙幣ほか ……………………………………………… 274
　・殖邊銀行の紙幣 ………………………………………………………… 278
　・横浜正金銀行の紙幣 …………………………………………………… 281
　・中央儲備銀行券 ………………………………………………………… 290
　・毛沢東中国（中共）の貨幣ほか ……………………………………… 291
　・開基勝寶金銭ほか ……………………………………………………… 293
　・各種紙幣の版 …………………………………………………………… 295
　・戸部官票ほか …………………………………………………………… 312
　・未裁断紙幣 ……………………………………………………………… 323

旧満洲国の貨幣法 ………………………………………………………… 326
旧満洲国の中央銀行法 …………………………………………………… 327
　貨幣法 ……………………………………………………………………… 332
　舊貨幣の整理 ……………………………………………………………… 333
　旧満洲貨幣対各種貨幣の兌換率一覧表 ………………………………… 334
　年号対照表 ………………………………………………………………… 334
　関係年表 …………………………………………………………………… 335

解説　満洲における貨幣事情と歴史背景

1　銅銭から銀元へ

およそ10世紀頃、中国東北部を流れる松花江の周辺では、ツングース系民族の女真人が契丹（遼）の圧迫を受けながら、半猟半農の生活を営んでいた。やがて1115年、女真人は完顔阿骨打のもとで金を興し、1125年に遼を倒すと、一時は万里の長城を越えて宋（北宋）が支配する華北にまで勢力を伸ばした。しかし、1234年、チンギス＝ハーン率いるモンゴル軍によって金が滅びると、女真人は東北部に戻り、元と明の支配下で毛皮の交易などに従事した。

女真人の一部族である建州女真出身のヌルハチは、交易の利益をめぐって対立していた女真人の各部族を統一し、1616年、後金を建国した。そして、ヌルハチの死後、2代ホンタイジは1636年、国号を清と改め、自ら皇帝の位に就いた。この頃から女真人発祥の地である中国東北部は、彼らが信仰する文殊菩薩（マンジュ）の名をとって「満洲」と呼ばれるようになった。

中国では唐代末頃から商業経済が発展し、宋代に入ると、交易が盛んに行われる中で、銅銭（制銭）や鉄銭に加え、世界最初の紙幣といわれる交子（会子）なども流通するようになった。

満洲では、922年、遼を建国した耶律阿保機によって銅銭の天賛通宝銭が鋳造され、1021年には6代聖宗が同じく銅銭の太平元宝銭を鋳し、さらに7代興宗は鉄銭を製造した。続く金でも銅銭が鋳造されたが、この頃中国国内では深刻な銅不足のみまわれ、銅銭の鋳造量も減少の一途をたどった。そのため、金は銀錠（銀の秤量貨幣。銀両）や交鈔と呼ばれる紙幣を発行し、銅銭の不足を補った。

明代になっても銅不足は解消せず、1375年、明の太祖朱元璋は、大明宝鈔という紙幣を発行して銅銭と銀錠の使用を禁止した。しかし、財源を補うために紙幣を増発したことから、その価値はたちまち下落し、明代中期になると、銅銭と銀錠の流通が認められるようになった。

清代に入っても銅銭は作られたが、私鋳や盗鋳が横行したため、11代光緒帝は1900年、広東省で従来の銅銭に代えて外国の銅貨をまねた銅元（銅子児）の鋳造を行い、満洲では1901年に吉林省と奉天省（現在の遼寧省）の鋳造局で銅元の製造を始めた。また、アヘン戦争前後から外国船舶や宣教師によって計数貨幣の外国銀貨（洋銀）が持ち込まれ、様々な商取引に利用されると、清朝政府は1889年、洋銀を模倣した光緒元宝（銀元または龍洋）を鋳造し、洋銀とともに流通させた。この時、銀元の貨幣単位はまだ確定されてなく、一般的には銀錠の重量と銀の品位とを合わせて価値を判断する「銀両制度」が通用していたが、1910年4月、清朝政府は「幣制則例」を公布し、貨幣単位を元（正式な単位は「圓」だが、通常は「元」を用いた）とした上で、国幣の種類を銀元、ニッケル元、銅元の3種とし、銀元の重さを洋銀とほぼ同じ庫平7銭2分（約26.7グラム）、品位900と定めた。そして、この則例に基いて、1911年5月、南京と武漢で新銀元である大清銀幣の鋳造が始まったが、10月、辛亥革命が勃発すると、大清銀幣は革命軍側に接収された。

一方、紙幣は1651年に3代順治帝が発行を試みたが、明朝が紙幣発行に失敗したことを踏まえ、少額しか発行しなかった。そのため、全国に充分流通することなく、10年後の1661年に発行が停止された。

その後、清朝政府は200年近く紙幣を製造しなかったが、1851年に広東省で太平天国の乱が発生すると、鎮圧に多額の費用が必要となったため、1853年、9代咸豊帝は銀両単位の戸部官票と銅銭単位の大清宝鈔を発行し、財源を確保しようとした。しかし、どちらも不換紙幣で信用が低く、地方によっては、全く使用を禁止していた。

このように、明朝同様、清朝も紙幣の発行に失敗し、一般民衆は紙幣に対する信用をなくしたが、一方で、民間の金融機関である銭舗や糧桟などが自らの信用を担保に私帖（政府非公認の紙幣類似券）を発行すると、民衆はそれを使って取引決済を行うようになった。しかし、私帖の需要が高まると、濫発して信用を落とすおそれが出たため、1894年、清朝政府は貨幣不足を補う目的で官帖（政府発行の紙幣類似券）の発行を決定し、満洲での発行機関として奉天（現在の瀋陽）に華豊官帖局（1898年に華盛官帖局に改称）、吉林に吉林永衡官帖局、チチハルに広信公司をそれぞれ設立した。また、満洲では私帖と官帖以外に、物資の集散地だった安東（現在の丹東）や商業港のあった営口では、商品の取引に用いるための独自の銀錠が生まれた。

2　新式銀行の満洲進出

1842年8月、アヘン戦争に勝利したイギリスは、清朝と南京条約を結び、多額の賠償金を得たほか、

香港の割譲、ならびに上海や広州など5カ所の開港を認めさせた。

　香港や上海などをアジア進出の拠点にしようとしたイギリスは、1845年、香港と広州に麗如銀行（Oriental Bank）を設立して業務を開始し、2年後の1847年には上海に支店を設けた。以後、中国にはイギリスをはじめ、フランスやドイツ、ベルギーなどヨーロッパ諸国、ロシアやアメリカ、日本などが相次いで銀行を設け、貨幣を発行するなどして中国金融界を支配した。

　このような外国銀行の進出を受けて、清朝政府内から銀行設立の声が起き、1897年5月、鉄路事務大臣の盛宣懐の提案により、上海に中国通商銀行が設立された。運営にあたっては、イギリス系の匯豊銀行（Hong Kong and Shanghai Banking Co.）から経理（経営責任者）を招き、規則や帳簿の作成に至るまで全て匯豊銀行をまねた。

　さらに、1905年8月、清朝政府は北京に大清戸部銀行を創設し、政府の中央銀行とした。戸部銀行はその後、大清銀行を経て1912年に中国銀行となり、中華民国の中央銀行となった。このほか、中華民国が成立するまでに、中国では民族資本家らによって、信成商業儲蓄銀行（1906年）、浙江鉄路興業銀行（1907年）、交通銀行（1907年）、四明商業儲蓄銀行（1908年）など、清朝政府から貨幣発行を認可された民営銀行や官商合弁銀行が次々と建てられた。なお、中国では貨幣を扱うこれら銀行を旧来の銭荘や糧桟と区別して新式銀行と呼んだ。

　外国銀行が中国に進出しはじめた頃、満洲では漢人の入植が激増し、さらに1858年、アロー戦争による天津条約で牛荘が開港（1864年、営口に変更）されたことで市場が広がり、貨幣の需要が高まった。

　明治維新後、日本人が徐々に満洲に進出する中、1900年1月、横浜正金銀行は牛荘（営口）に支店を開設し、1903年、貨幣の発行を開始した。そして、日露戦争が行なわれた1904年から1905年にかけて、横浜正金銀行は大連と奉天に支店を新たに設け、日本政府が発行した軍票の兌換業務にあたった。

　一方、盛京省（1907年に奉天省に改称）の軍事と行政を統括していた盛京将軍の趙爾巽は、1905年、華盛官帖局の業務を停止して発行された官帖を回収し、新たに新式銀行として奉天官銀号（1909年に東三省官銀号に改称）を設立した。そして、それまで銭舗らが発行していた私帖を禁止して、いずれも銀元を本位とする小銀元票と大龍元票を新たに流通させた。さらに、1908年に黒龍江官銀号、1909年に吉林永衡官銀銭号が成立し、それぞれ貨幣を発行した。また、中国銀行、交通銀行、イギリスの匯豊銀行、麦加利銀行（Chartered Bank of India, Australia and china）、アメリカの花旗銀行（The National City Bank of NewvYork）、ロシアの露清銀行（Banque Russo-Chinoise）、フランスの中法実業銀行（Banque Industrille de Chine）、日本の朝鮮銀行などが相次いで満洲に進出し、各所に支店を構えた。

3　満洲経済の混乱

　1911年10月、辛亥革命が起きると、趙爾巽の配下であった張作霖は、奉天で革命運動の鎮圧にあたり、中華民国成立後は、袁世凱の臨時大総統就任を支持した。これら功績が認められ、張作霖は1916年、奉天督軍兼省長に就任し、奉天省の実権を握った。

　間もなくして、黒龍江省と吉林省も支配下に入れた張作霖は、各官銀号を使って満洲特産の大豆を買い占めた上、相場を操作してそれらを売りさばき、莫大な利益を手にした。そして、その資金をもとに奉天軍閥（奉天派）を形成し、日本の支援を得ながら、北京政界に進出した。

　この時、奉天軍閥の財政を支えたのは、官銀号と辺業銀行（1919年開業。三つの官銀号と合わせて「四行号」と呼ばれた）が主に発行する不換紙幣の奉天票であった。1924年9月、張作霖は第二次奉直戦争で直隷派の呉佩孚を破り、長江周辺まで勢力を伸ばすと、奉天票も長江流域まで流通範囲を拡げた。しかし、度重なる戦争による軍事費の増大は、奉天票の濫発とその暴落を招き、満洲経済を混乱させた。そのため、1929年5月、東三省官銀号、中国銀行、交通銀行、辺業銀行は奉天票に代わって、新たに兌換券の現大洋票を発行し、金融の安定に努めた。

4　満洲中央銀行の創立と幣制の統一

　1931年9月、満洲事変が勃発すると、関東軍は官銀号の財産や帳簿が中国側の手に渡ることを防ぐため、満鉄、横浜正金銀行、朝鮮銀行に対し、四行号に監理員を派遣して財産の接収にあたるよう指示した。

　1932年1月、満洲新国家の幣制樹立と中央銀行の設立計画を進めていた関東軍統治部は、満鉄に対し、設立方針の要綱案を作成するよう指示する一方、

有識者や実業家を集めて諮問会議を開いて意見を集め、それをもとに各種法案をまとめた。

3月、満洲国が建国されると、民政部総長兼奉天省長の臧式毅と財政総長兼吉林省長の熙洽らは四行号を合併して新たに中央銀行を設けることを決定し、これを受けて、満洲国政府は統治部財務課長の五十嵐保司を委員長とする創立委員会を発足させた。

そして、6月11日、満洲国政府によって「満洲国貨幣法」、「満洲中央銀行法」および組織弁法が公布され、15日、四行号の資産と負債を全て継承して、満洲国の首都であった新京（現在の長春）に満洲中央銀行が創設された。総裁には元吉林省財政庁長の榮厚が就任し、理事には横浜正金銀行大連支店長の鷲尾磯一や朝鮮銀行大連支店長の武安福男など満洲に支店を持つ日本側銀行関係者が名を連ねた。

満洲国貨幣法の制定に伴う満洲新貨幣制度の実施により、従来四行号などが発行していた貨幣は、「旧貨幣整理弁法」に基づき、今後一切の流通が禁止された。そして、旧貨幣を回収するため、銀行が正式開業する7月1日から向こう2年間に限って満洲国幣との交換に応じることが告知された。

旧貨幣の回収にあたっては、国幣に交換したほうが有利となるよう、国幣との交換比率を時価よりも若干高めに設定したり、民衆に国幣への交換を知らせるため、官公署や民衆教化団体である協和会などの協力を得て、ポスターや映画、ラジオ、新聞などで宣伝をするなど様々な努力が払われた。

その結果、旧貨幣の流通期限が満了する1934年6月末までに、回収率が93.1パーセントに上り、さらに回収を徹底するため、交換期間を1年2カ月延ばし、最終期限となった1935年8月末で回収率は97.2パーセントにまで達した。これで、満洲で流通する貨幣は朝鮮銀行券と関東州など一部地域でのみ流通した鈔票を除き、ほぼ全て国幣となった。

5　円元等価と満洲産業開発五カ年計画への支援

1934年6月、アメリカ政府はニューディール政策の一環として、銀相場上昇による物価引き上げを目的に銀買い上げ法（ピットマン法）を施行した。これにより、銀本位制をとっていた中国は大量の保有銀を失い、たちまち金融恐慌に陥った。そして、中国と同じく銀本位制をとっていた満洲国も銀相場の変動で物価が混乱した。

このような状況の中、1935年4月、満洲国財政部総務司長の星野直樹は、満洲中央銀行の山成喬六総裁と協議し、これを機に国幣を銀本位から離脱させ、この頃すでにおよそ対英1シリング2ペンスで安定していた日本円と等価でリンクさせることを決めた（円元等価、または円元パー）。

11月3日、国民政府が幣制改革を実施し、1元を英1シリング2.5ペンスとする法幣の発行を始めると、4日、満洲国財政部は円元等価を正式に宣言した。

この国幣を取り扱う普通銀行は1933年11月の「銀行法」により、満洲国内に88行の銀行が成立した。また、1936年10月、関東軍、満洲国、満鉄の関係者で開かれた会議（湯崗子会議）で、第一次満洲産業開発五カ年計画の骨子が定まると、満洲国政府は1936年12月、五カ年計画の主力である鉱工業部門に投資をする専門銀行として、満洲興業銀行を創設した（開業は1937年1月1日）。そして、1937年7月、日中戦争が勃発し、日本で企画院による物動計画が実行されると、満洲中央銀行は、1938年9月に公布された「臨時資金統制法」に基づき、不要不急産業への資金流入防止と、軍需産業への優先的融資を実施した。

1941年12月、太平洋戦争が始まると、満洲国政府は金融統制を強化するため、1942年10月26日、「新満洲中央銀行法」を制定して国幣の発行主体が満洲国であることをより明確にし、さらに12月8日、「満洲国基本国策大綱」を発表し、金融対策として、円元等価の維持や金融機関の強化育成を図ることなどを定めた。

6　満洲国の崩壊と満洲中央銀行の終焉

1945年2月のヤルタ会談で米英と対日攻撃を開始する密約（ヤルタ協定）を結んだソ連は、4月5日、日本に日ソ中立条約の破棄を予告すると、アメリカが広島に原子爆弾が投下してから3日後の8月9日未明、突如対日宣戦を発表し、およそ178万人の極東ソ連軍を満洲に向けて侵攻させた。これに対し、関東軍は同日、ソ連軍に抵抗するため、司令部機能を朝鮮国境近くの通化に移すことを決定し、満洲国総務長官の武部六蔵を通して、満洲国首脳と満洲中央銀行など特殊会社代表に、今後は関東軍司令部と行動をともにするよう指示した。

ソ連軍は飛行機や機甲部隊を使って、北鮮、黒龍江、外蒙から満洲に侵入し、次々と満洲の要衝を攻

略した。この時、国境沿いには数多くの日本人開拓移民が逃げ遅れていて、ソ連軍の攻撃によりその多くが暴行を受けたり、命を落とした。

15日、天皇がポツダム宣言の受諾を宣言して連合国に降伏すると、18日、満洲国皇帝の溥儀は退位し、満洲国は消滅した。19日に新京に進駐したソ連軍は、20日、満洲中央銀行に対し、預金の受け入れ以外の資金の受け払いを一切停止するよう命じた上で、金庫に残っている紙幣を運び出そうとした。しかし、すでにこの時、銀行関係者らによって、本店保有の在庫紙幣約7億円が通化支店に移されていたため、ソ連軍は市内にあった一般金融機関の資金を奪い、当面の軍用資金に充てた。

9月30日、連合国最高司令官のマッカーサーは、満洲中央銀行など日本が戦争中に外地に設けた金融機関の閉鎖を命じ(「9・30メモ」)、10月26日、日本政府の命令(「10・26各省令」)により満洲中央銀行は清算され、13年に及ぶ満洲金融の支配に幕を閉じた。

参考文献（解説および各章）

満洲事情案内所編『満洲事情案内所報告（36）満洲に於ける通貨・金融の過去及現在』、満洲事情案内所、1936年。

日本銀行調査局編『図録　日本の貨幣10　外地通貨の発行（1）』、東洋経済新報社、1974年。

魏建猷『中国近代貨幣史』、合肥：黄黄山書社、1986年。

千家駒・郭彦崗『中国貨幣史綱要』、上海：上海人民出版社、1986年。

満洲中央銀行史研究会編『満洲中央銀行史』、東洋経済新報社、1988年。

味岡徹「陳錦濤」、山田辰夫編『近代中国人名辞典』、霞山会、1995年、73～74頁。

中国銀行行史編輯委員会編著『中国銀行行史（1912—1949）』、北京：中国金融出版社、1995年。

于彤・戴建兵『中国近代商業銀行紙幣史』石家荘：河北教育出版社、1996年。

虞宝棠編著『国民政府与民国経済』、上海：華東師範大学出版社、1998年。

呉籌中『中国紙幣研究』、上海：上海古籍出版社、1998年。

森久男『徳王の研究』、創土社、2000年。

李重著・フジインターナショナルミント株式会社訳『旧満洲国貨幣研究』、彩流社、2008年。

満洲中央銀行の貨幣

1　満洲国幣の発行

満洲中央銀行が設立されるのを前に、満洲国政府は1932年6月11日、「満洲国貨幣法」を制定し、満洲国幣についての基準を定めた。同法によると、満洲国幣1元の価格単位を純銀23.91グラムとし、国幣の種類を紙幣5種（100元、10元、5元、1元、5角）、白銅硬貨（1角、5分）、青銅硬貨（1分、5厘）各2種の計9種と定めた。なお、硬貨の重さは1角5グラム（ニッケル25パーセント、酸化銅75パーセント）、5分3.5グラム（同）、1分5グラム（銅95パーセント、錫4パーセント、亜鉛1パーセント）、5厘2.5グラム（同）であった。

国幣を準備するにあたり、満洲国政府は日本の大蔵省印刷局に紙幣の印刷を依頼した。しかし、7月1日の満洲中央銀行の開業までに刷り終わらず、結局、紙幣が揃うまで、東三省官銀号が発行した現大洋票の表面に赤字で「満洲中央銀行」、「依拠大同元年満洲国貨幣法発行」とそれぞれ印刷し、かつ中華民国の年号を赤線で消した改造券を使用した。

満洲中央銀行設立後、国幣の印刷を請け負った大蔵省印刷局は製造を大急ぎで進め、1933年6月1日までに満洲国貨幣法で定められた紙幣全種を発行し終えた。なお、この時までにでき上がった紙幣は「甲号券」、これ以降発行された紙幣を年代ごとに「乙号券」、「丙号券」（「丙改券」）、「丁号券」と呼んだ。

紙幣の発行準備と並行して、満洲中央銀行は硬貨を鋳造するため、12月、満洲国財政部から払い下げを受けた旧奉天省の造幣廠を再建し、1933年5月20日から硬貨の発行を開始した。

甲号券の図柄は、紙幣は5角券を除き、いずれも向かって右側に溥儀が政務と典礼を執り行う建物であった勤民楼が描かれ、左側には満洲国の建国理念である「五族協和」を表す、5つに色分けされた満洲国旗が載せられた。一方、硬貨には1角と5分の表面に宝珠と双龍、裏面に牡丹花を載せ、1分と5厘は表に牡丹花葉、裏に満洲国旗が刻まれた。

2　戦局の悪化と新国幣の発行

1935年11月1日、満洲帝政実施後初の発行券で、かつ最初の乙号券であった新5角券が製造された。この紙幣から表面中央上部に満洲国花の蘭（蘭花）をモチーフにした満洲国章が配され、裏面には満洲中央銀行の行章が新たに加えられた。さらに、日中戦争勃発直前の1937年7月1日に発行された10元乙号券の裏面には新築間もない満洲中央銀行本店が描かれた。そして、1938年7月1日までに残りの乙号券である100元券、5元券、1元券が発行された。このうち、100元券には表面に孔子とそれを祀る大成殿が描かれ、5元券の図柄には表面に孟子、裏面には満洲国国務院が採用された。

それからおよそ1年3カ月後の1939年10月12日、満洲国貨幣法が一部改正され、さらに、同日、満洲国政府は「鋳貨ノ素材、品位及量目ニ関スル件」を発令し、今後発行される硬貨の材質は、1角と5分を白銅、1分をアルミニウム、5厘を黄銅（真鍮）とするよう定めた。しかし、戦争の長期化による金属類の不足により、1940年、再び硬貨の材質が変更され、全てをアルミニウムで製造することになった。

その後、日本の戦局が悪化の一途をたどると、大蔵省は1944年8月、省議を開いて造幣に関する非常対策を検討し、満洲国に対しては印刷廠の機能を拡充強化し、国幣の国内自給を図らせることにした。これを受けて、満洲国政府は日本政府に対し、機械設備や技術などの援助を要請し、日本側の要求に応えようとした。

満洲中央銀行は、1944年4月1日、新たに10元、5元、1元の丙号券を製造し、9月15日には1角券、11月10日には100元券、10元券を発行した。また、満洲国貨幣法によると、本来1角以下は硬貨とされていたが、金属資源の枯渇により紙幣化された。その後も紙幣製造の簡略化が徹底され、終戦近くになると、丙改券の1000元券や5角券、さらに、1角券より少額の5分券も発行された。

すでに金属の欠乏は硬貨製造にも大きな影響を与えていたが、1944年1月に発行された1角、5分、1分アルミニウム貨は、素材節約のため小型、軽量化されていた。その後、アルミニウムの入手も困難となり、2月に発行された5分と1分の硬貨はマグネサイトで造られた。

満洲中央銀行が成立してから戦争終結までの国幣の発行額をみると、初年度はおよそ1億5000万元で、日中戦争勃発前の1936年の発行額は初年度と比べ25パーセント高い2億元ほどであった。しかし、日中戦争以降、発行額は激増し、終戦間際の1945年7月、発行額は88億元あまりと、1932年の発行額のおよそ58倍にまで達した。

旧満洲國と満洲中央銀行発行の貨幣ほか一覧

東三省官銀號　様本　サイズ：83×165mm　額面：拾圓　発行国：中華民国　発行年：大同元年（1932年）年銘：民国18年（1929年）　印刷：永衛印書局製　特徴：様本加刷（受託：美国鈔票公司）

東三省官銀號　裁断エラー券　サイズ：76×160mm　額面：拾圓　発行国：中華民国年銘：民国18年（1929年）　印刷：永衛印書局製（受託：美国鈔票公司）

東三省官銀號改造券　様本　サイズ：83×165mm　額面：拾圓　発行国：満洲国　発行年：大同元年（1932年）
年銘：民国26年（1937年）印刷：満洲帝国印刷局（受託：美国鈔票公司）

東三省官銀號改造券　様本　サイズ：83×165mm　額面：拾圓　発行国：満洲国　発行年：大同元年（1932年）年銘：民国
18年（1929年）　印刷：満洲帝国印刷局（受託：美国鈔票公司）特徴：THE　CENTRAL　BANK　OF　MANCHOU　加刷

東三省官銀號改造券　様本　サイズ：77×160mm　額面：伍圓　発行国：満洲国　発行年：大同元年（1932年）年銘：民国26年（1937年）　印刷：満洲帝国印刷局（受託：美国鈔票公司）

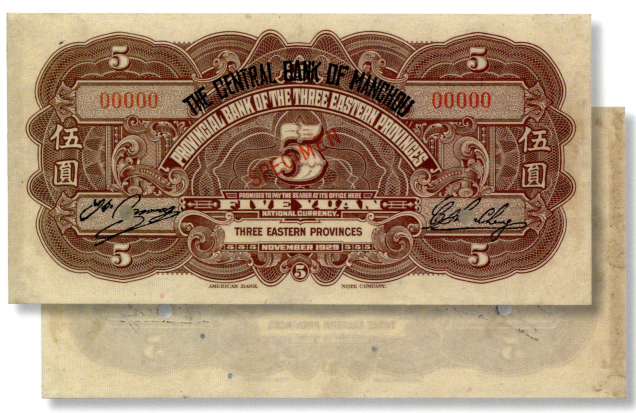

東三省官銀號改造券　様本　サイズ：77×160mm　額面：伍圓　発行国：満洲国　発行年：大同元年（1932年）年銘：民国26年（1937年）　印刷：満洲帝国印刷局　特徴：THE CENTRAL BANK OF MANCHOU 加刷

東三省官銀號改造券　様本　サイズ：71×154mm　額面：壹圓　発行国：満洲国　発行年：大同元年（1932年）年銘：民国26年（1937年）　印刷：満洲帝国印刷局（受託：美国鈔票公司）

東三省官銀號改造券　様本　サイズ：71×154mm　額面：壹圓　発行国：満洲国　発行年：大同元年（1932年）年銘：民国26年（1937年）　印刷：満洲帝国印刷局（受託：美国鈔票公司）　特徴：THE CENTRAL BANK OF MANCHOU 加刷

紙幣上の印章

満洲中央銀行は当初、貨幣準備が整うまで主に東三省官銀号券などを代用し、これを流通に充てていたが、これらを満洲中央銀行加刷券と呼ぶ。加刷券の発行にあたっては、公式の加刷券である事を証明するための加刷用印章を幾つか製作。「満洲中央銀行之印」「総裁之印」2種を代表的なものとして、いずれも東三省官銀号の未完成券を一部改造するために同紙幣表面下部に朱版にて押捺。その他、日本語表記あるいは英語表記による銀行銘・総裁サイン（下部に欧字・黒色で総裁「栄厚」と副総裁「山成喬六」の署名）が加刷券用の印章として製作された。今日、稀少な満洲中央銀行の史料となるので本欄に図示しておく。

満洲中央銀行甲号券　様本　サイズ：103×180mm　意匠：国旗と勤民楼　額面：壹百圓　発行国：満洲国
年銘：大同2年（1933年）　製造：満洲帝国印刷廠製　特徴：様本加刷

満洲中央銀行甲号券　様本　サイズ：103×180mm　意匠：紋様　額面：壹百圓　発行国：満洲国
年銘：大同2年（1933年）　製造：満洲帝国印刷廠製　特徴：様本加刷

満洲中央銀行甲号券　様本　サイズ：92×162mm　意匠：国旗と勤民楼　額面：拾圓　発行國：旧満洲國　年銘：大同元年（1932年）　製造：満洲帝国印刷廠製　特徴：様本加刷

満洲中央銀行甲号券　様本　サイズ：92×162mm　意匠：紋様　額面：拾圓　発行國：旧満洲國　年銘：大同元年（1932年）　製造：満洲帝国印刷廠製　特徴：様本加刷

満洲中央銀行甲号券　様本　サイズ：92×162mm　意匠：国旗と勤民楼　額面：拾圓発行国：満洲国　年銘：大同元年（1932年）　製造：満洲帝国印刷廠製　特徴：様本加刷

満洲中央銀行甲号券　様本　サイズ：92×162mm　意匠：紋様　額面：拾圓
発行国：満洲国　年銘：大同元年（1932年）　製造：満洲帝国印刷廠製　特徴：様本加刷

満洲中央銀行甲号券　様本　サイズ：86×150mm　意匠：国旗と勤民楼　額面：五圓　発行国：満洲国　年銘：大同2年（1933年）　製造：満洲帝国印刷廠製　特徴：様本加刷

満洲中央銀行甲号券　様本　サイズ：86×150mm　意匠：紋様　額面：五圓　発行国：満洲国　年銘：大同2年（1933年）　製造：満洲帝国印刷廠製　特徴：様本加刷

満洲中央銀行甲号券
様本　サイズ：80×140mm　意匠：国旗と勤民楼　額面：壹圓　発行国：満洲国年銘：大同元年（1932年）製造：満洲帝国印刷廠製　特徴：様本加刷

満洲中央銀行甲号券　様本　サイズ：80×140mm　意匠：紋様　額面：壹圓　発行国：満洲国　年銘：大同元年（1932年）　製造：満洲帝国印刷廠製　特徴：様本加刷

満洲中央銀行甲号券　様本　サイズ：70×120mm　意匠：紋様　額面：五角　発行国：満洲国　年銘：大同元年（1932年）　製造：満洲帝国印刷廠製　特徴：様本加刷

満洲中央銀行甲号券　様本　サイズ：70×120mm　意匠：紋様　額面：五角　発行国：満洲国　年銘：大同元年（1932年）　製造：満洲帝国印刷廠製　特徴：様本加刷

満洲中央銀行乙号券　様本　サイズ：90×165mm　意匠：大成殿と孔子像　額面：百圓　発行国：満洲国　年銘：康徳5年（1938年）　製造：満洲帝国印刷廠製　特徴：様本加刷

満洲中央銀行乙号券　様本　サイズ：90×165mm　意匠：羊の群　額面：百圓　発行国：満洲国　年銘：康徳5年（1938年）　製造：満洲帝国印刷廠製　特徴：様本加刷

満洲中央銀行乙号券　様本　サイズ：91×168mm　意匠：大成殿と孔子像　額面：百圓　発行国：満洲国　年銘：康徳5年（1938年）　製造：満洲帝国印刷廠製　特徴：様本加刷

満洲中央銀行乙号券　様本　サイズ：91×168mm　意匠：羊の群　額面：百圓　発行国：満洲国　年銘：康徳5年（1938年）　製造：満洲帝国印刷廠製　特徴：様本加刷

満洲中央銀行乙号券　様本　サイズ：91 × 168mm　意匠：大成殿と孔子像　額面：百圓
発行國：旧満洲國　年銘：康徳5年（1938年）　製造：満洲帝国印刷廠製　特徴：様本

満洲中央銀行乙号券　様本　サイズ：80×148mm　意匠：財神像　額面：拾圓　発行国：満洲国　年銘：康徳4年（1937年）　製造：満洲帝国印刷廠製　特徴：様本加刷

満洲中央銀行乙号券　様本　サイズ：80×148mm　意匠：満州中央銀行建物　額面：拾圓　発行国：満洲国　年銘：康徳4年（1937年）　製造：満洲帝国印刷廠製　特徴：様本加刷

満洲中央銀行乙号券　様本　サイズ：80×148mm　意匠：財神像　額面：拾圓　発行国：満洲国　年銘：康徳4年（1937年）　製造：満洲帝国印刷廠製　特徴：様本加刷

満洲中央銀行乙号券 様本 サイズ：74×137mm 意匠：孔子像 額面：五圓 発行国：満洲国 年銘：康徳5年（1938年） 製造：満洲帝国印刷廠製 特徴：様本加刷

満洲中央銀行乙号券 様本 サイズ：74×137mm 意匠：国務院建物 額面：五圓 発行国：満洲国 年銘：康徳5年（1938年） 製造：満洲帝国印刷廠製 特徴：様本加刷

満洲中央銀行乙号券　様本　サイズ：74×137mm　意匠：孟子像　額面：五圓　発行国：満洲国　年銘：康徳5年（1938年）　製造：満洲帝国印刷廠製　特徴：様本加刷

満洲中央銀行乙号券　様本　サイズ：67×127mm　意匠：岳飛　額面：壹圓　発行国：満洲国　年銘：康徳4年（1937年）　製造：満洲帝国印刷廠製　特徴：様本加刷

満洲中央銀行乙号券　様本　サイズ：67×127mm　意匠：岳飛　額面：壹圓　発行国：満洲国　年銘：康徳4年（1937年）　製造：満洲帝国印刷廠製　特徴：様本加刷

満洲中央銀行乙号券　様本　サイズ：67×127mm　意匠：莊院　額面：壹圓　発行国：満洲国　年銘：康徳4年（1937年）　製造：満洲帝国印刷廠製　特徴：様本加刷

満洲中央銀行乙号券　様本　サイズ：63
×117mm　意匠：財神像　額面：五角
発行国：満洲国　年銘：康徳4年（1937
年）　製造：満洲帝国印刷廠製　特徴：様
本加刷

満洲中央銀行乙号券　様本　サイズ：63
×117mm　額面：五角　発行国：満洲国
年銘：康徳4年（1937年）　製造：満洲帝
国印刷廠製　特徴：様本加刷

満洲中央銀行丙号券　様本　サイズ：91×168mm　意匠：大成殿と孔子像、（裏）穀物さいろ　額面：百圓　発行国：満洲国　年銘：康徳11年（1944年）　製造：満洲帝国印刷廠製　特徴：様本加刷

満洲中央銀行丙号券　様本　サイズ：91×168mm　意匠：大成殿と孔子像　額面：百圓　発行国：満洲国
年銘：康徳11年（1944年）　製造：満洲帝国印刷廠製　特徴：様本加刷

満洲中央銀行丙号券　様本　サイズ：91×168mm　意匠：穀物さいろ　額面：百圓　発行国：満洲国
年銘：康徳11年（1944年）　製造：満洲帝国印刷廠製　特徴：様本加刷

満洲中央銀行丙号券　様本　サイズ：91×168mm　意匠：大成殿と孔子像　額面：百圓　発行国：満洲国
年銘：康徳11年（1944年）　製造：満洲帝国印刷廠製　特徴：様本加刷

満洲中央銀行丙号券　様本　サイズ：91×168mm　意匠：穀物さいろ　額面：百圓　発行国：満洲国
年銘：康徳11年（1944年）　製造：満洲帝国印刷廠製　特徴：様本加刷

満洲中央銀行丙号券 拾圓 様本 サイズ：80×148mm 意匠：財神像 額面：拾圓 発行国：満洲国 年銘：康徳11年（1944年） 製造：満洲帝国印刷廠製 特徴：様本加刷

満洲中央銀行丙号券 様本 サイズ：80×148mm 意匠：満州中央銀行建物 額面：拾圓 発行国：満洲国 年銘：康徳11年（1944年） 製造：満洲帝国印刷廠製 特徴：様本加刷

満洲中央銀行丙改券　サイズ：74　×　137mm　意匠：孟子像　額面：五圓　発行国：満洲国　年銘：康徳11　年（1944　年）　製造：満洲帝国印刷廠製

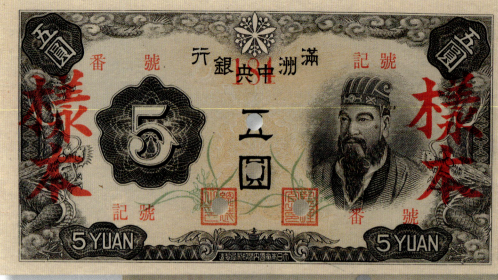

満洲中央銀行丙号券 様本 サイズ：74 × 137mm 意匠：孔子像 額面：五圓 発行国：満洲国 年銘：康徳11年（1944年） 製造：満洲帝国印刷廠製 特徴：様本加刷

満洲中央銀行丙号券 様本 サイズ：74 × 137mm 意匠：国務院建物 額面：五圓 発行国：満洲国 年銘：康徳11年（1944年） 製造：満洲帝国印刷廠製 特徴：様本加刷

満洲中央銀行丙号券　様本サイズ：67×127mm　意匠：岳飛　額面：壹圓　発行国：満洲国　年銘：康徳11年（1944年）　製造：満洲帝国印刷廠製　特徴：様本加刷

満洲中央銀行丙号券　様本サイズ：67×127mm　意匠：紋様　額面：壹圓　発行国：満洲国　年銘：康徳11年（1944年）　製造：満洲帝国印刷廠製　特徴：様本加刷

満洲中央銀行丙号券　様本　サイズ：63×117mm　意匠：財神像　額面：五角　発行国：満洲国　年銘：康徳8年（1941年）　製造：満洲帝国印刷廠製　特徴：様本加刷

満洲中央銀行丙号券　様本　サイズ：63×117mm　額面：五角　発行国：満洲国　年銘：康徳8年（1941年）　製造：満洲帝国印刷廠製　特徴：様本加刷

満洲中央銀行丙号券　様本　サイズ：52×101mm　意匠：紋様額面：壹角　発行国：満洲国　年銘：康徳8年（1941年）　製造：満洲帝国印刷廠製　特徴：様本加刷

満洲中央銀行丙号券　サイズ：52×101mm　意匠：紋様額面：壹角　発行国：満洲国　年銘：康徳8年（1941年）　製造：満洲帝国印刷廠製

満洲中央銀行甲号券　サイズ：100×180mm　意匠：国旗と勤民楼　額面：壹百圓
発行國：旧満洲國　年銘：大同2年（1933年）　製造：満洲帝国印刷廠製

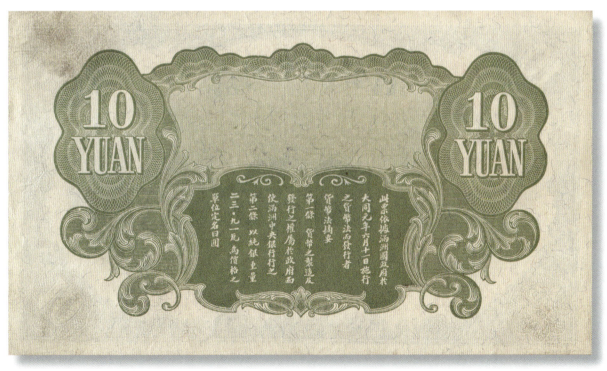

満洲中央銀行甲号券　サイズ：90 × 160mm　意匠：国旗と勤民楼　額面：拾圓
発行国：満洲国　年銘：大同元年（1932年）　製造：満洲帝国印刷廠製

満洲中央銀行甲号券　サイズ：86×150mm　意匠：国旗と勤民楼　額面：五圓
発行国：満洲国　年銘：大同2年（1933年）　製造：満洲帝国印刷廠製

満洲中央銀行甲号券　サイズ：80 × 141mm　意匠：国旗と勤民楼　額面：壹圓
発行国：満洲国　年銘：大同元年（1932年）　製造：満洲帝国印刷廠製

偽造券　満洲中央銀行甲号券　サイズ：
70×120mm　意匠：紋様　額面：五角
中国製偽造品　特徴：満洲中央銀行、偽
造印入

満洲中央銀行甲号券　サイズ：70×
120mm　意匠：紋様　額面：五角　発
行国：満洲国　年銘：大同元年（1932年）
製造：満洲帝国印刷廠製

満洲中央銀行乙号券　サイズ：91×168mm　意匠：大成殿と孔子像、(裏)羊の群　額面：壹百圓
発行國：旧満洲國　年銘：康徳5年（1938年）　製造：満洲帝国印刷廠製

満洲中央銀行乙号券　サイズ：91×168mm　意匠：大成殿と孔子像、（裏）羊の群　額面：壹百圓　発行國：旧満洲國　年銘：康徳5年（1938年）　製造：満洲帝国印刷廠製　補刷券（珍）

満洲中央銀行乙号券　サイズ：80 × 146mm　意匠：財神像と銀行建物　額面：拾圓
発行国：満洲国　年銘：康徳4年（1937年）　製造：満洲帝国印刷廠製

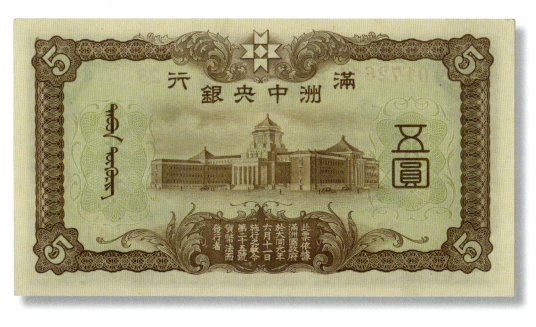

満洲中央銀行乙号券　サイズ：74×136mm　意匠：孟子像、(裏) 国務院建物　額面：五圓　発行国：満洲国　年銘：康徳5年（1938年）　製造：満洲帝国印刷廠製

満洲中央銀行乙号券　サイズ：67 × 128mm　意匠：岳飛、(裏) 荘院　額面：壹圓
発行国：満洲国　年銘：康徳4年 (1937年)　製造：満洲帝国印刷廠製

満洲中央銀行乙号券　サイズ：63×117mm　意匠：財神像、(裏)門構え　透かし：人物肖像　額面：五角　発行国：満洲国　年銘：康徳2年(1935年)　製造：満洲帝国印刷廠製

満洲中央銀行丙号券　サイズ：63×117mm　意匠：財神像　額面：五角　発行国：満洲国　製造：満洲帝国印刷廠製

満洲中央銀行丙号券　サイズ：91 × 168mm　意匠：大成殿と孔子像、(裏) 穀物さいろ　額面：壹百圓　発行國：旧満洲國　年銘：康德11年（1944年）　製造：満洲帝国印刷廠製

満洲中央銀行丙号券　サイズ：91×168mm　意匠：大成殿と孔子像、(裏)穀物さいろ　額面：百圓　発行国：満洲国　年銘：康徳11年（1944年）　製造：満洲帝国印刷廠製（珍）

満洲中央銀行丙号改造券　サイズ：91×168mm　意匠：大成殿と孔子像、（裏）穀物さいろ　額面：百圓　発行国：満洲国　年銘：康徳11年（1944年）　製造：満洲帝国印刷廠製　※現地刷

満洲中央銀行丙号券　サイズ：91 × 168mm　意匠：大成殿と孔子像、(裏) 穀物さいろ
額面：壹百圓　発行國：旧満洲國　年銘：康徳11年（1944 年）　製造：満洲帝国印刷廠
製　補刷券（珍）

満洲中央銀行丙号券　サイズ：91 × 168mm　意匠：大成殿と孔子像、(裏)穀物さいろ　額面：百圓発行国：満洲国　年銘：康徳11年（1944年）　製造：満洲帝国印刷廠製　ウラ印エラー

満洲中央銀行丙号券　サイズ：80 × 148mm　意匠：財神像と中央銀行建物　額面：拾圓　発行国：満洲国　年銘：康徳11年（1944 年）　製造：満洲帝国印刷廠製

滿洲中央銀行丙号券　サイズ：80 × 148mm　意匠：財神像と中央銀行建物　額面：拾圓　発行国：滿洲国　年銘：康徳11年（1944年）　製造：滿洲帝国印刷廠製　補刷券（珍）

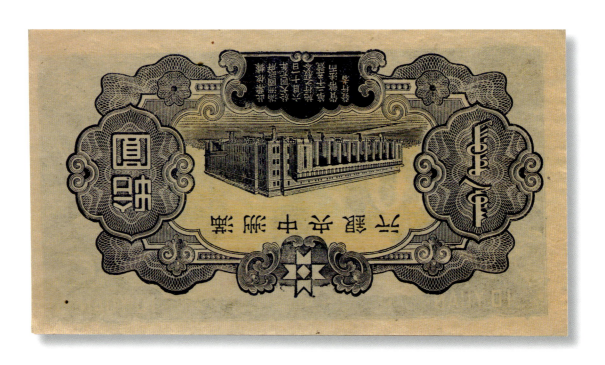

満洲中央銀行丙号改券　サイズ：80 × 148mm　意匠：財神像と銀行建物　額面：拾圓　発行国：満洲国　年銘：康徳 11 年（1944 年）　製造：満洲帝国印刷廠製　ウラエラー見返品（珍）

満洲中央銀行丙号改券　サイズ：80 × 148 mm　意匠：財神像と銀行建物
額面：拾圓　発行国：満洲国　年銘：康徳11年（1944年）　製造：満洲帝国印刷廠製
（印影エラー）

満洲中央銀行丙号券　サイズ：80　×　148mm　意匠：財神像と銀行建物　額面：拾圓　発行国：満洲国　年銘：康徳11年（1944年）　製造：満洲帝国印刷廠製　康徳11年、記号のみ（珍）

満洲中央銀行丙号券　サイズ：74 × 137mm　意匠：孟子像と国務院建物　額面：五圓　発行国：満洲国　年銘：康徳11 年（1944 年）　製造：満洲帝国印刷廠製

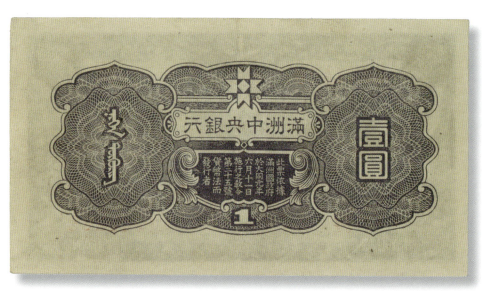

満洲中央銀行丙号券　サイズ：68×127mm　意匠：岳飛　額面：壹圓　発行国：満洲国　年銘：康徳11年（1944年）　製造：満洲帝国印刷廠製

満洲中央銀行丙改券　サイズ:68×127mm　意匠:岳飛　額面:壹圓　発行国:満洲国　年銘:康徳11年（1944年）　製造：満洲帝国印刷廠製

満洲中央銀行丙号券　サイズ：54×110mm　意匠：財神像　額面：五角発行国：満洲国　製造：満洲帝国印刷廠製　特徴：小型券、「本金加刷」（大珍）

満洲中央銀行丙号券　サイズ：54×110mm　意匠：財神像　額面：五角発行国：満洲国　製造：満洲帝国印刷廠製　特徴：小型券（大珍）

満洲中央銀行丙号改券　サイズ：105×180mm　意匠：大成殿と孔子像　額面：壹仟圓
発行国：満洲国　年銘：康徳11年（1944年）　製造：満洲帝国印刷廠製　完全未使用（大珍）

満洲中央銀行丙号改券　サイズ：105×180mm　意匠：銀行全景　額面：壹仟圓
発行国：満洲国　年銘：康徳11年（1944年）　製造：満洲帝国印刷廠製　完未（大珍）

満洲中央銀行丙改券　現地刷　サイズ：105×180mm　意匠：大成殿と孔子像、銀行全景　額面：壹仟圓発行国：満洲国　年銘：康徳11年（1944年）　製造：満洲帝国印刷廠製（珍）

満洲中央銀行丙改券　無効券　サイズ：105×180mm　意匠：大成殿と孔子像、銀行全景　額面：壹仟圓　発行国：満洲国　年銘：康徳11年（1944年）　製造：満洲帝国印刷廠製　PAID目打ち打刻入り（珍）

満洲中央銀行丁号券　サイズ：64×117mm　意匠：大成殿　額面：五角　発行国：満洲国印刷：満洲帝国印刷局製　特徴：現地刷

満洲中央銀行丁号券　サイズ：64×117mm　意匠：大成殿　額面：五角　発行国：満洲国　年銘：　印刷：満洲帝国印刷局製　特徴：現地刷

満洲中央銀行丁号券　サイズ：48×94mm　意匠：遼陽の白塔　額面：五分
発行国：満洲国　印刷：満洲帝国印刷局製　特徴：現地刷

満洲中央銀行丁号券　サイズ：48×94mm　意匠：遼陽の白塔　額面：五分
発行国：満洲国　印刷：満洲帝国印刷局製　特徴：裁断エラー　現地刷

満洲中央銀行奉天造幣廠　本位銀貨　壹圓試作貨　直径：39.50mm 品位：銀890　意匠：蘭花国章と牡丹花葉交差図　額面：壹圓　発行国：満洲国　年銘：康徳3年（1936年）製造：満洲中央銀行奉天造幣廠（珍）

満洲国　五角試作白銅貨　直径：25.00mm　重量：5.50g　品位：白銅　額面：五角　意匠：鳳凰　発行国：満洲国　年銘：康徳5年（1938年）製造：満洲帝国奉天造幣廠製（珍）

満洲国　五角試作貨　直径：25.00mm　重量：5.4g　品位：亜鉛・銅合金　額面：無表記（五角仕様）　意匠：孔子像　発行国：満洲国　年銘：康徳5年（1938年）製造：満洲帝国奉天造幣廠製　特徴：鋳造品、試作番号3刻印入（珍）

満洲国　五角試作白銅貨　直径：25.00mm　重量：5.50g　品位：白銅　額面：五角　意匠：孔子像　発行国：満洲国　年銘：康徳5年（1938年）製造：満洲帝国奉天造幣廠製（珍）

満洲国　壹角試作銀貨　直径：22.00mm　品位：銀　額面：壹角　意匠：蘭花国章と満洲銀行文字　発行国：満洲国　製造：満洲帝国瀋陽造幣廠製（珍）

満洲国　壹角試作銀貨　直径：23.00mm　重量：5.50g
品位：銀　額面：壹角　意匠：蘭花国章と高粱花実交差
図　発行国：満洲国　年銘：康徳9年（1942年）　製造：
満洲帝国瀋陽造幣廠製　特徴：極印に見本字入

満洲国　壹角試作白銅貨　直径：23.00mm　重量：5.20g
品位：白銅　額面：壹角　意匠：蘭花国章と高粱花実
交差図　発行国：満洲国　年銘：康徳9年（1942年）
製造：満洲帝国瀋陽造幣廠製　特徴：極印に見本字入

満洲国　壹角試作青銅貨　直径：23.00mm　重量：4.60g
品位：青銅　額面：壹角　意匠：蘭花国章と高粱花実交
差図　発行国：満洲国　年銘：康徳9年（1942年）　製造：
満洲帝国瀋陽造幣廠製　特徴：極印に見本字入

満洲国　壹角試作黄銅貨　直径：23.00mm　重量：4.30g
品位：黄銅　額面：壹角　意匠：蘭花国章と高粱花実
交差図　発行国：満洲国　年銘：康徳9年（1942年）
製造：満洲帝国瀋陽造幣廠製　特徴：極印に見本字入

満洲国　壹角試作ニッケル貨　直径：23.00mm　重量：
3.90g　品位：ニッケル　額面：壹角　意匠：蘭花国章と
高粱花実交差図　発行国：満洲国　年銘：康徳9年（1942
年）製造：満洲帝国瀋陽造幣廠製　特徴：極印に見本字入

満洲国　壹角試作合紙カーボン貨　朱色／濃茶色　直径：
23.00mm　重量：0.70g　品位：合紙カーボン　額面：壹角　意匠：
蘭花国章と高粱花　発行国：満洲国　年銘：康徳3年（1936年）
製造：満洲帝国奉天造幣廠製　特徴：国号は大満洲国（**大珍**）

滿洲國　五分試作青銅貨　直径：20.00mm　重量：3.40g　品位：銅　額面：五分　意匠：双竜と寶寿　発行国：満洲國　年銘：康徳4年（1937年）　製造：満洲帝国奉天造幣廠　**稀少試作貨（大珍）**

満洲国　五分試作アルミニウム貨　直径：18.00mm　重量：0.60g　品位：アルミニウム　額面：五分　意匠：国旗　発行国：満洲国　年銘：康徳7年（1940年）　製造：満洲帝国瀋陽造幣廠製　**稀少試作貨（大珍）**

満洲国　壹分試作青銅プルーフ貨　直径：15.00mm　重量：1.10g　品位：青銅　額面：壹分　意匠：瑞雲と八咫鏡　発行国：満洲国　年銘：康徳12年（1945年）　製造：満洲帝国瀋陽造幣廠製

滿洲國　新壹分試作アルミニウム貨　太輪タイプ　直径：18.00mm　重量：0.70g　品位：アルミニウム1000　額面：壹分　意匠：瑞雲と八咫鏡　発行国：満洲國　年銘：12年（1945年）　製造：満洲帝国奉天造幣廠製　特徴：エッジ部分、**太輪タイプ稀少試作貨（珍）**（200％に拡大表示）

滿洲國　壹分アルミ試作貨、康徳3年銘　直径：24.00mm　重量：1.50g　品位：アルミニウム1.000　額面：壹分　意匠：牡丹花葉交差図＋旗　発行国：満洲國　年銘：康徳3年（1936年）　製造：満洲帝国奉天造幣廠製　**稀少試作貨（大珍）**

滿洲國　壹分アルミ試作貨、康徳4年銘　直径：24.00mm　重量：1.50g　品位：アルミニウム1.000　額面：壹分　意匠：牡丹花葉交差図＋旗　発行国：満洲國　年銘：康徳4年（1937年）　製造：満洲帝国奉天造幣廠製　**稀少試作貨（大珍）**

満洲中央銀行奉天造幣廠　試作陶貨　不発行貨　直径：24.00mm　重量：2.50g　品位：陶製　額面：無表記　意匠：双喜字と花葉図　特徴：陶貨は4色有り

満洲国　壹錢試作青銅貨　直径：28.00mm　重量：6.60g　品位：青銅　額面：壹錢　意匠：双竜と宝寿　発行国：満洲国　年銘：康徳五年(1938年)　製造：満洲帝国瀋陽造幣廠製　特徴：国号は大満洲国、細字・細輪・小旗タイプ（150％に拡大表示）**(珍)**

満洲国　壹錢試作青銅貨　直径：28.00mm　重量：8.40g　品位：青銅　額面：壹錢　意匠：双竜と宝寿　発行国：満洲国　年銘：康徳5年(1938年)　製造：満洲帝国瀋陽造幣廠製　特徴：国号は大満洲国、太字・太輪・大旗タイプ（150％に拡大表示）**(珍)**

満洲國　旧壹角白銅貨　直径：23.00mm　重量：5.00g
品位：白銅　額面：壹角　意匠：双竜と宝寿　発行国：満洲國　年銘：大同3年（1934年）　製造：満洲帝国奉天造幣廠製　発行期間：大同2.3年、康徳元.2.5.6年

満洲國　新壹角白銅貨　直径：21.00mm　重量：3.50g
品位：白銅　額面：壹角　意匠：瑞雲＋旭日、蘭花　発行国：満洲國　年銘：康徳7年（1940年）　製造：満洲帝国奉天造幣廠製　発行期間：康徳7年※単年号

満洲国　壹角アルミニウム貨　直径：22.00mm　重量：1.70g　品位：アルミニウム1000　額面：壹角　意匠：蘭花国章と高粱花実交差図　発行国：満洲国　年銘：康徳9年（1942年）　製造：満洲帝国瀋陽造幣廠製　発行期間：康徳7.8.9.10年

満洲国　壹角アルミニウム貨　特年号　直径：22.00mm　重量：1.70g　品位：アルミニウム1000　額面：壹角　意匠：蘭花国章と高粱花実交差図　発行国：満洲国　年銘：康徳10年（1943年）　製造：満洲帝国瀋陽造幣廠製　特徴：少量発行特年号

満洲國　新壹角アルミニウム貨　直径：22.00mm　重量：1.00g　品位：アルミニウム1000　額面：壹角　意匠：瑞雲と八咫鏡　発行国：満洲國　年銘：康徳10年（1943年）　製造：満洲帝国奉天造幣廠製　発行期間：康徳10年※単年号

満洲国　五分白銅貨　直径：20.00mm　重量：3.50g
品位：白銅　額面：五分　意匠：双竜と宝寿　発行国：満洲国　年銘：康徳3年（1936年）　製造：満洲帝国瀋陽造幣廠製　発行期間：大同2.3年、康徳、元、2.3.4.6年

満洲国　五分白銅貨　直径：20.00mm　重量：3.50g
品位：白銅　額面：五分　意匠：双竜と宝寿　発行国：満洲国　年銘：康徳3年（1936年）　製造：満洲帝国瀋陽造幣廠製　特徴：太輪タイプ（珍）

満洲國　旧五分アルミニウム貨　直径：21.00mm　重量：1.30g　品位：アルミニウム 1.000　額面：五分　意匠：高粱花葉交差図、蘭花　発行国：満洲國　年銘：康徳7年（1940年）　製造：満洲帝国奉天造幣廠製　**発行期間：康徳 7.8.9.10 年**

満洲國　新五分アルミニウム貨　直径：19.00mm　重量：0.75g　品位：アルミニウム 1.000　額面：五分　意匠：瑞雲と八咫鏡　発行国：満洲國　年銘：康徳 10 年（1943 年）製造：満洲帝国奉天造幣廠製　**発行期間：康徳 10.11 年**

満洲國　直径：23.00mm　重量：5.00g　品位：銅 950　額面：壹分　意匠：牡丹花葉交差図＋旗　発行国：満洲國　年銘：康徳四年（1936 年）　製造：満洲帝国奉天造幣廠製　発行期間：大同 2.3 年、康徳元 .2.3.4.5.6 年

中華民国　一分青銅貨　大型　小一細字タイプ　直径：23.52mm　重量：5.60g　品位：青銅　額面：一分　意匠：花葉交差図、波紋と青天旭日図　発行国：中華民国　年銘：民国 18 年（1929 年）　製造：東三省造（珍）面背タイプ違い

中華民国　一分青銅貨　小型　太一太字タイプ　直径：23.49mm　重量：5.50g　品位：青銅　額面：一分　意匠：花葉交差図、波紋と青天旭日図　発行国：中華民国　年銘：民国 18 年（1929 年）　製造：東三省造　面背タイプ違い

中華民国　壹分青銅貨　直径：23.00mm　重量：5.6g　品位：青銅　額面：壹分　意匠：青天旭日図　発行国：中華民国　年銘：民国 18 年（1929 年）　製造：東三省造　**特徴：旭日小様**

中華民国　壹分青銅貨　直径：23.00mm　重量：5.6g　品位：青銅　額面：壹分　意匠：青天旭日図　発行国：中華民国　年銘：民国 18 年（1929 年）　製造：東三省造　**特徴：旭日大様**

満洲国　五分マグネサイト貨　直径：19.00mm　重量：1.0g　品位：マグネサイト　額面：五分　意匠：瑞雲と八咫鏡　発行国：満洲国　年銘：康徳11年（1944年）　製造：満洲帝国瀋陽造幣廠製

満洲国　五分マグネサイト貨大型　直径：20.00mm　重量：1.10g　品位：マグネサイト　額面：五分　意匠：瑞雲と八咫鏡　発行国：満洲国　年銘：康徳12年（1945年）　製造：満洲帝国瀋陽造幣廠製　（珍：図示の康徳12年銘、五分マグネサイト貨は稀少な径20.00mmの大型タイプ。なお同年銘の多くは康徳11年と同様の径19.00mmが多く一般的な規格である。従って、意匠、図案ともに康徳11年銘と同じである事から図版を省略した。）12年、大型（珍）

満洲國　壹分マグネサイト貨　直径：16.00mm　重量：0.80g　品位：マグネサイト　額面：壹分　意匠：瑞雲と八咫鏡　発行国：満洲國　年銘：康徳12年（1945年）　製造：満洲帝国奉天造幣廠製　発行期間：康徳12年※単年号

満洲國　旧壹分アルミニウム貨　直径：19.00mm　重量：1.00g　品位：アルミニウム1.000　額面：壹分　意匠：高粱花葉交差図、蘭花　発行国：満洲國　年銘：康徳6年（1939年）　製造：満洲帝国奉天造幣廠製　**発行期間：康徳6.7.8.9.10年**

満洲国　新壹分アルミニウム貨　直径：16.00mm　重量：0.50g　品位：アルミニウム.1000　額面：壹分　意匠：瑞雲と八咫鏡　発行国：満洲国　年銘：康徳11年（1944年）　製造：満洲帝国瀋陽造幣廠製　**発行期間：康徳10、11年**

満洲國　五釐銅貨　直径：21.00mm　重量：3.40g　品位：銅950　額面：五釐　意匠：牡丹花葉交差図＋旗　発行国：満洲國　年銘：康徳3年（1936年）　製造：満洲帝国奉天造幣廠製　**発行期間：大同2.3年、康徳元.2.3.4.6年**

偽造通貨　満洲国　壹角白銅貨　直径：19.00mm　重量：3.50g　品位：亜鉛　額面：壹角　意匠：双竜と蘭花　中国偽造品　鉛製

偽造通貨　満洲国　新壹角白銅貨　直径：19.00mm　重量：3.50g　品位：白銅　額面：壹角　意匠：蘭花国章と旭日　中国偽造品　亜鉛合金製

偽造通貨　満洲国　新壹角白銅貨　直径：19.00mm　重量：3.50g　品位：白銅　額面：壹角　意匠：蘭花国章と旭日　中国偽造品　白銅

偽造通貨　五分白銅貨　直径：19.00mm　重量：3.50g　品位：亜鉛　額面：五分　意匠：双竜と蘭花　中国偽造品　鉛製

偽造通貨　満洲国　壹角アルミニウム貨　特年号　直径：22.00mm　重量：1.70g　品位：鉛　額面：壹角　意匠：蘭花国章と高粱花実交差図　中国偽造品　鉛製

東三省の貨幣－満洲中央銀行創立前－

　1644年、北京に都を置いた清朝は、満洲人の土地を保護するため、漢人が満洲に入植することを禁止した。しかし、18世紀末頃になると、人口増加と長年の統治による統制の緩みから、山東や河北から漢人が満洲に流入するようになった。そして、それら人々の後を追って山西や河北から商人が満洲に現れると、穀物などの売買や高利貸しなどを行うようになり、次第に満洲は貨幣社会の波に巻き込まれていった。

　1858年の天津条約で牛荘が開港され、満洲と中国本土との間で商取引が盛んに行われるようになると、開港場や物資の集積地などでは、商品の取引に用いる銀錠が製造された。例えば、朝鮮国境に程近い安東では、鎮平という独自の秤を用いて価値を換算する鎮平銀が流通していた。また、営口では過爐銀と呼ばれる銀錠が直接取引や為替取引に利用された。

　一方、清朝政府発行紙幣の信用不安から、私帖が民間の取引決済に利用されるようになると、それに目を付けた清朝政府は1894年、官帖の発行を決定し、東三省といわれる満洲の奉天省、吉林省、黒龍江省にそれぞれ官帖局を設けた。民国時代になると、官帖局は新式銀行の機能を持つ官銀号に改められ、以後、満洲中央銀行が満洲幣制を統一するまで、ほかの新式銀行とともに、その時の政治経済の状況に応じて紙幣を濫発した。これら紙幣は満洲の中心地である奉天の名をとって、通称奉天票と呼ばれた。

　以下、3つの官銀号を中心に満洲中央銀行成立前の東三省それぞれの幣制を概観する。

1　奉天省（遼寧省）

　1894年、盛京将軍の裕禄は省内の通貨不足を補うため、華豊官帖局（1898年に華盛官帖局と改称）を設立し、官帖の発行を開始した。

　1900年代に入り、新式銀行が満洲に進出するようになると、1905年、新式銀行の奉天官銀号が設立され、華盛官帖局が発行した官帖を回収するとともに、新たに東銭票（銭票）、銀両票、銀元票を発行した。さらに、1909年、奉天官銀号は東三省官銀号に改められ、銀両票10数種と10角や5角など少額の小銀元票を発行した。

　東三省官銀号は中華民国成立後も営業を続け、中華民国国幣条例に基づき、小洋元を本位とする不換紙幣の小洋票を5種（1元、5角、2角、1角、半角）と大洋元を本位とする同じく不換紙幣の大洋票を5種（100元、50元、10元、5元、1元）発行した。また、1917年には匯兌券（為替券）も発行した。

　東三省官銀号以外に、奉天省には奉天農業総銀行（1912年）、奉天省商業銀行（1914年）、奉天公済平市銭号（1918年）など地方銀行が開業された。

　1916年、張作霖が奉天督軍兼省長に就任すると、東三省官銀号は奉天軍閥の軍事費を賄うため、ほかの銀行とともに奉天票を何度も増発した。その結果、市中に奉天票が大量に流通し、金融恐慌を引き起こした。

　このような状況を打開するため、1929年5月、東三省官銀号は中国銀行、交通銀行、辺業銀行とともに遼寧省政府（同年3月に奉天省から改称）の同意を得て、新たに現大洋票を発行し、無制限兌換に応ずる代わりに奉天票を回収することを決めた。

2　吉林省

　1894年、吉林将軍の延茂によって、吉林永衡官帖局が設立され、銀元を本位とする官帖の発行を開始した（1896年に銅元本位に変更）。しかし、官帖の発行量が増大し貨幣価値を落としたことから、1908年4月、吉林巡撫の朱家宝は吉林永衡官帖局に官銭局を併設し、官帖の発行を続けるとともに、新たに官銭局で銀両票と銀元票を製造した。さらに、1909年8月、吉林永衡官帖局と官銭局は合併して吉林永衡官銀銭号となり、官帖と永衡大洋票10元券、5元券、1元券、永衡小洋票50元券、10元券、5元券、1元券、5角券、2角券、1角券の計10種を新たに発行した。

　張作霖が吉林省の実権を握ると、吉林永衡官銀銭号は東三省官銀号と同様奉天票を増刷し奉天軍閥の財政を支えた。

3　黒龍江省

　1904年、チチハルに広信公司が成立し官帖の発行が始まった。1919年12月、広信公司は黒龍江官銀号と合併して黒龍江広信公司となり、黒龍江官銀号が発行していた官帖、小洋票、銅元票を回収するため、10元、5元、1元、2角、1角の匯兌券を流通させた。そして、回収が終了すると、今度は新たな官帖と大洋票（哈大洋）を新たに発行して匯兌券を回収した。

東三省の貨幣ほか一覧

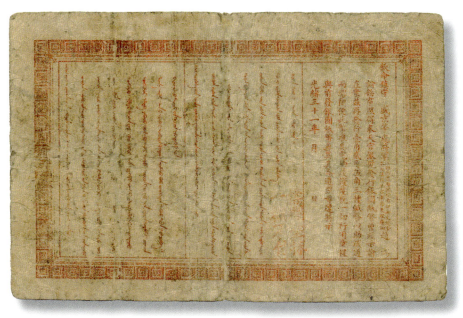

奉天官銀號銀元票　様本　サイズ：75×117mm　意匠：紋様　額面：壹角　発行国：清朝　年銘：光緒31年（1905年）　印刷：北洋官銀號印

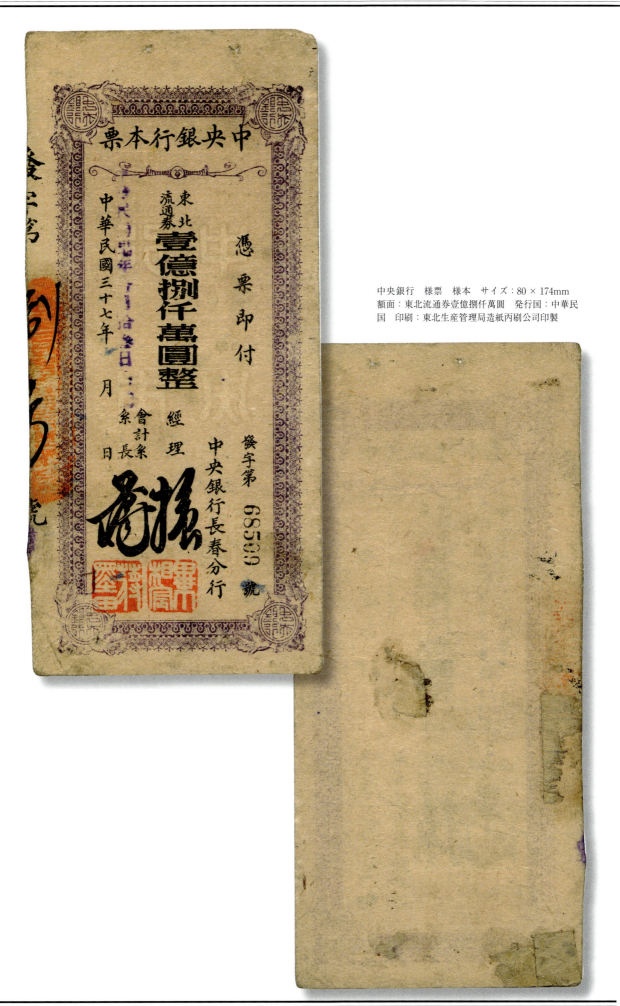

中央銀行　様票　様本　サイズ：80 × 174mm
額面：東北流通券壹億捌仟萬圓　発行国：中華民国　印刷：東北生産管理局造紙丙刷公司印製

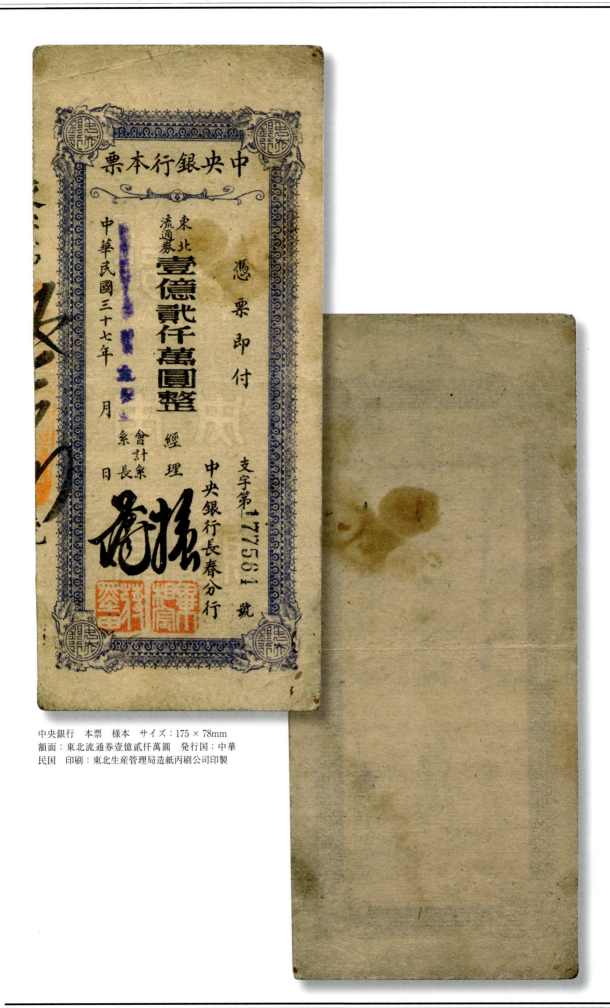

中央銀行　本票　様本　サイズ：175×78mm
額面：東北流通券壹億貳仟萬圓　発行国：中華民国　印刷：東北生産管理局造紙丙刷公司印製

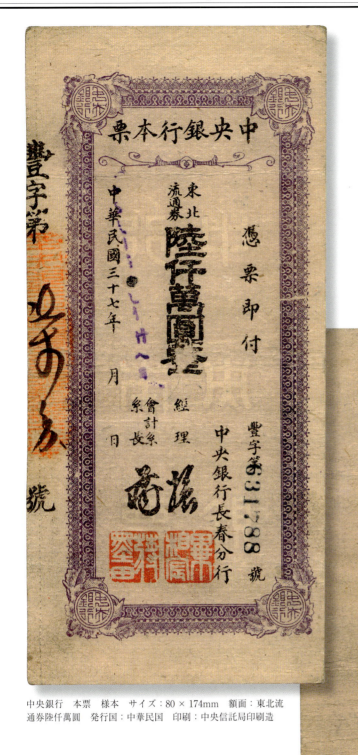

中央銀行　本票　様本　サイズ：80×174mm　額面：東北流通券陸仟萬圓　発行国：中華民国　印刷：中央信託局印刷造

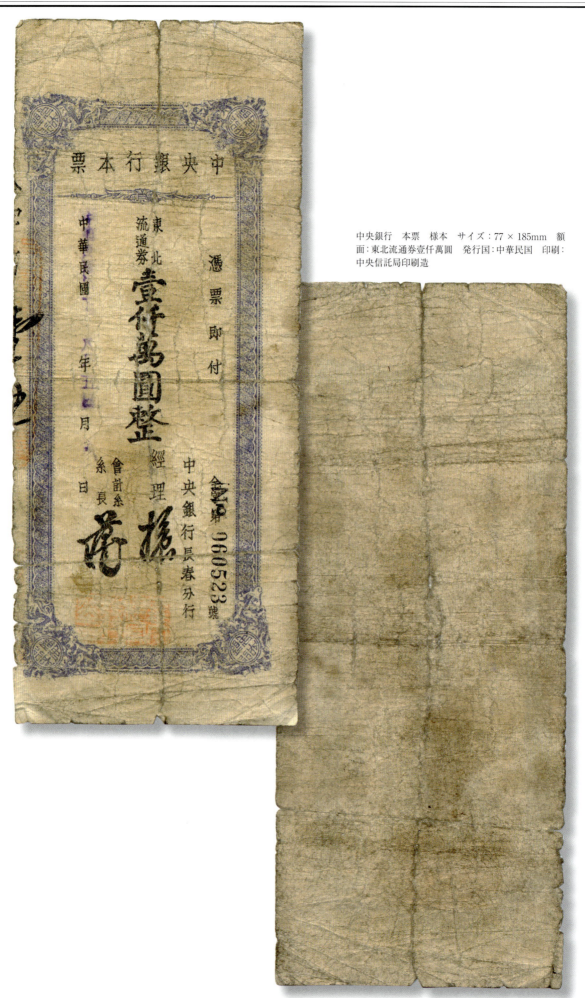

中央銀行　本票　様本　サイズ：77×185mm　額面：東北流通券壹仟萬圓　発行国：中華民国　印刷：中央信託局印刷造

中央銀行　本票　様本　サイズ：182 × 90mm
額面：伍千圓　発行国：中華民国　印刷：中央信託局印刷造

中央銀行瀋陽分行本票　石版　サイズ：255 × 253mm　額面：壹拾萬圓　発行国：中華民国　制作：東北生産管理局製造（70%に縮小表示）**右紙幣の石版（大珍）**

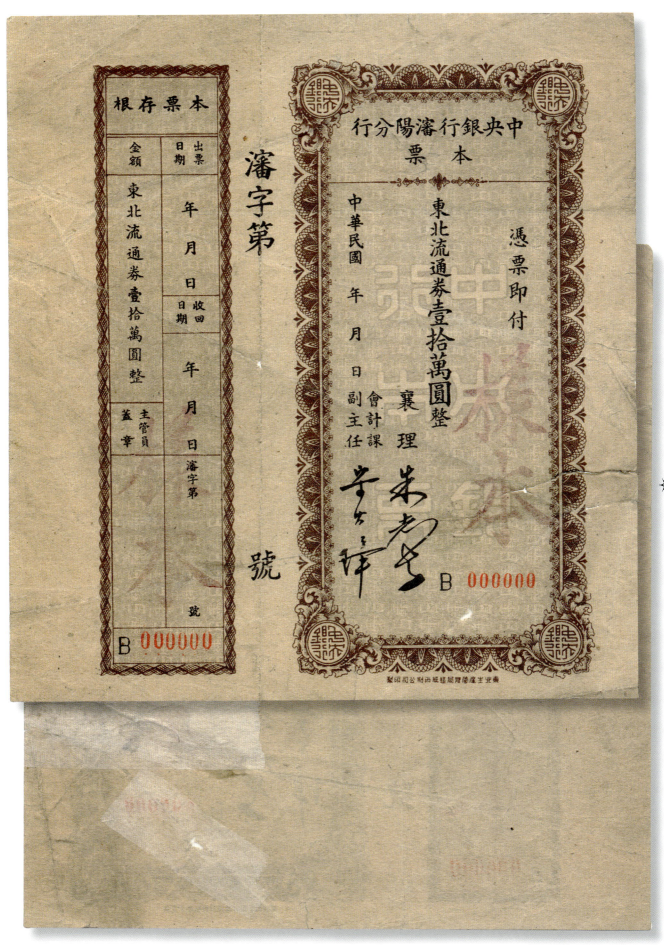

中央銀行瀋陽分行本票　様本　サイズ：182×170mm　額面：壹拾萬圓　発行国：中華民国
制作：東北生産管理局製造

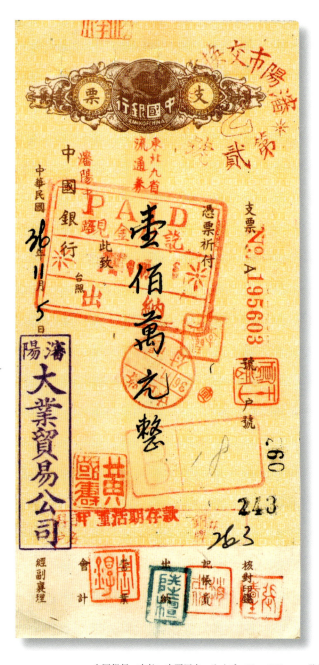

中国銀行　支払い支票原本　サイズ：78 × 165mm　発行国：中華民国

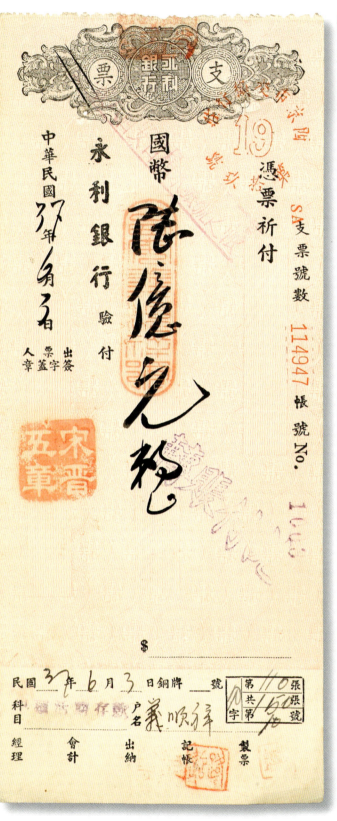

永利銀行　両替支票　サイズ：90 × 210mm　発行国：中華民国

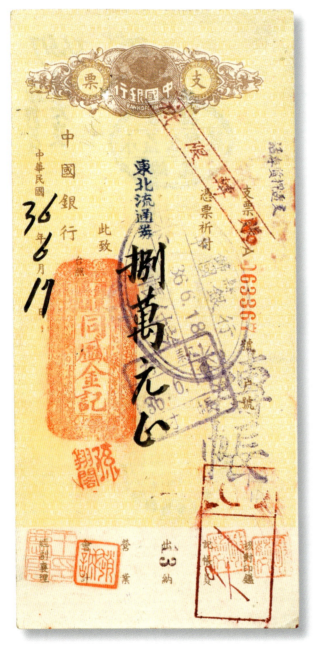

中国銀行　東北流通券両替支票原本捌萬元　サイズ：78 × 165mm　発行国：中華民国

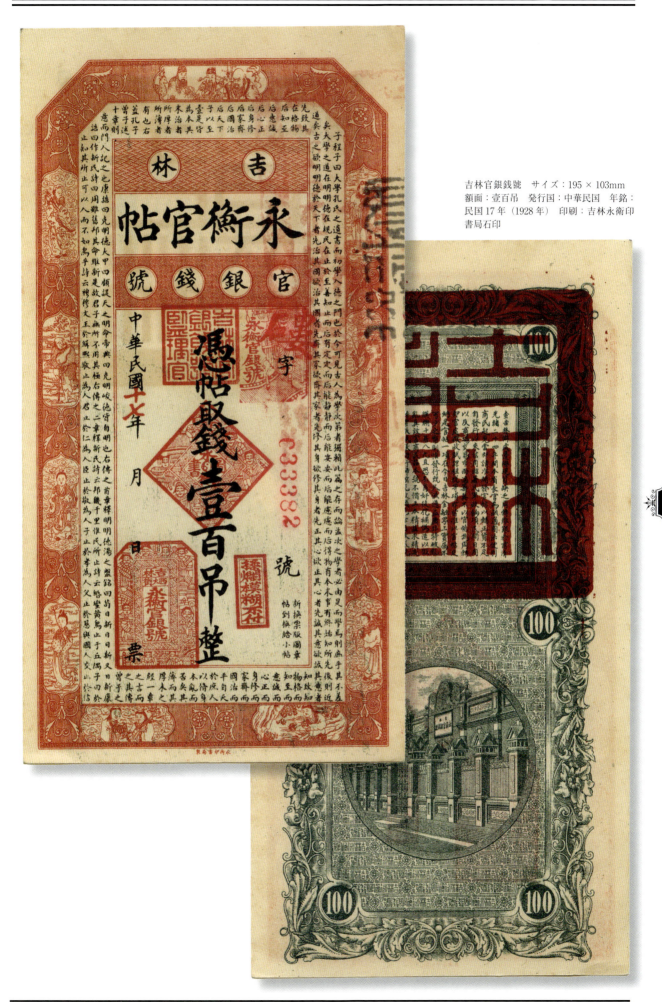

吉林官銀錢號　サイズ：195 × 103mm
額面：壹百吊　発行国：中華民国　年銘：民国17年（1928年）　印刷：吉林永衡印書局石印

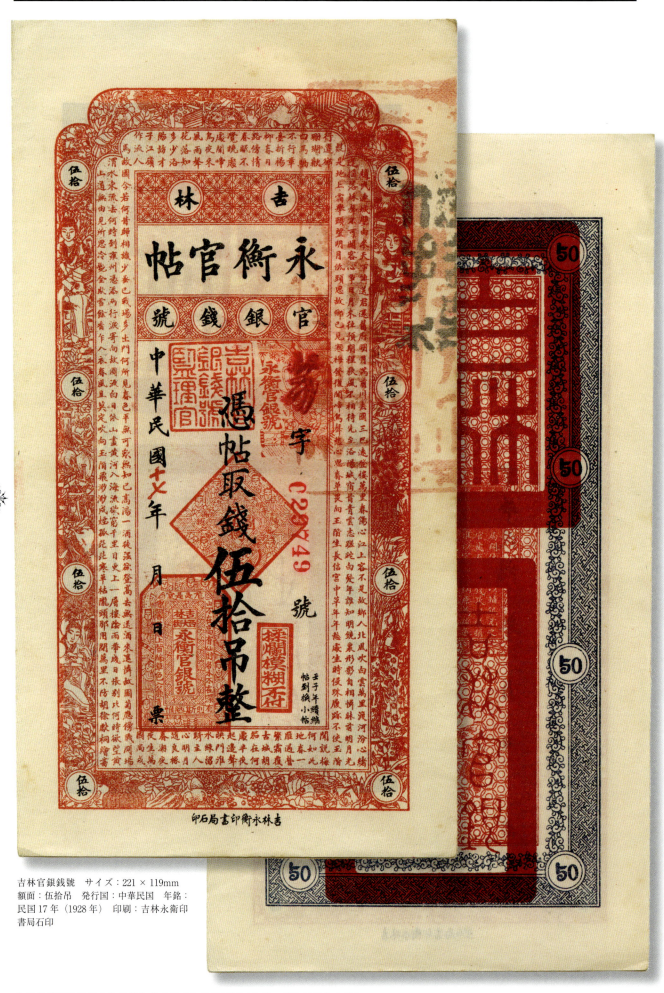

吉林官銀錢號　サイズ：221×119mm
額面：伍拾吊　発行国：中華民国　年銘：
民国17年（1928年）　印刷：吉林永衡印
書局石印

吉林官銀錢號　サイズ：211 × 107mm
意匠：賢人図　額面：拾吊　発行国：
中華民国　年銘：民国17年（1928年）
印刷：吉林永衡印書局石印

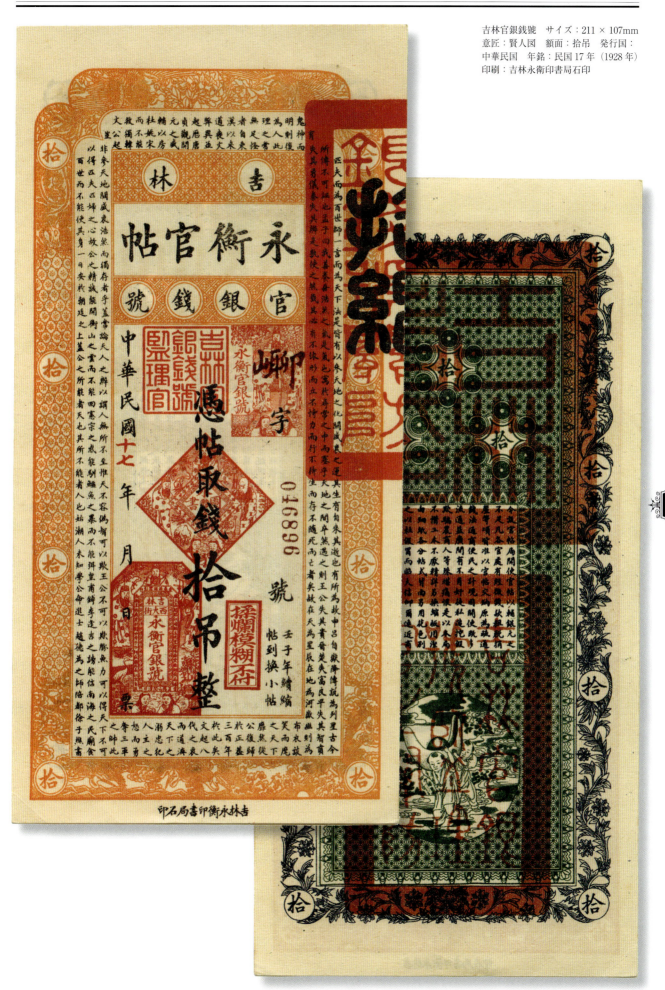

吉林官銀錢號　サイズ：217×103mm　意匠：双竜
額面：壹吊　発行国：中華民国　年銘：民国17年（1928年）　印刷：吉林永衡印書局石印

吉升錢號　サイズ：182×96mm　意匠：鉄道
額面：拾吊　発行国：中華民国　年銘：民国8年
（1919年）　印刷：吉林永衛印書局石印

黒龍江省廣信公司　様票　サイズ：177×95mm　意匠：花鳥図　額面：壹伯吊　発行国：中華民国　年銘：民国10年（1921年）　印刷：永衛印書局製

黒龍江省廣信公司　様票　サイズ：185×105mm
意匠：麦穂図　額面：壹百吊　発行国：中華民国
年銘：民国18年（1929年）　印刷：永衛印書局製

黒龍江省廣信公司　様本　サイズ：187 × 104mm　意匠：麦穂図　額面：壹百吊　発行国：中華民国　年銘：民国18年（1929年）印刷：永衛印書局製

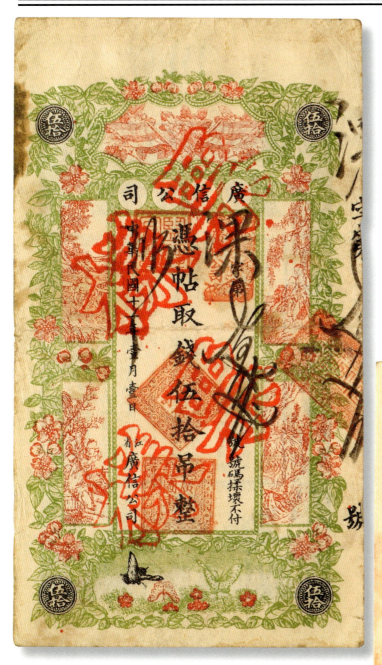

黒龍江廣信公司　様本　伍拾吊　サイズ:175×100mm　意匠:
花鳥図　額面:50吊　発行国:中華民国　年銘:民国11年（1922
年）　印刷:黒龍江永衛印書局石印

黒龍江廣信公司　サイズ:143×75mm　意匠:人物風景図
額面:参拾吊　発行国:中華民国　年銘:民国14年（1925年）
印刷:黒龍江永衛印書局石印

黒龍江省廣信公司　様票　サイズ：144×77mm　意匠：花葉紋様　額面：参拾吊　発行国：中華民国印刷：永衛印書局製

黒龍江省廣信公司　様票　サイズ：144×77mm　意匠：花葉紋様　額面：貳拾吊　発行国：中華民国印刷：永衛印書局製

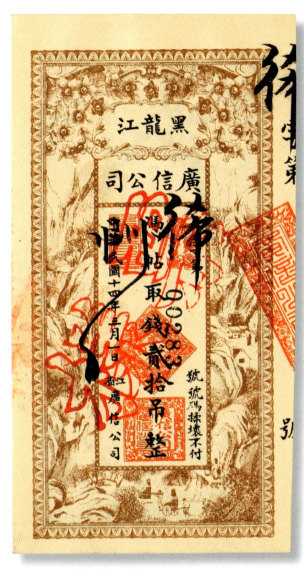

黒龍江廣信公司　様本　サイズ：143 × 73mm　意匠：花鳥図　額面：貳拾吊　発行国：中華民国　年銘：民国14年（1925年）　印刷：黒龍江永衛印書局石印

黒龍江省廣信公司　サイズ：143 × 73mm　意匠：花鳥賢人図　額面：伍吊　発行国：中華民国　年銘：民国8年（1919年）　印刷：黒龍江永衛印書局

黒龍江省廣信公司　洋票サイズ：144 × 73mm　意匠：花鳥図　額面：参吊　発行国：中華民国　年銘：民国8年（1919年）　印刷：黒龍江永衛印書局石印

黒龍江省廣信公司　洋票サイズ：144 × 73mm　意匠：花鳥図　額面：貳吊　発行国：中華民国　年銘：民国8年（1919年）　印刷：黒龍江永衛印書局石印

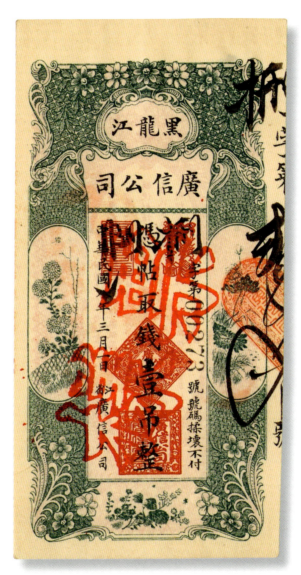

黒龍江省廣信公司　様票サイズ：143 × 73mm　意匠：花葉図　額面：壹吊　発行国：中華民国　年銘：民国 8 年（1919 年）　印刷：黒龍江永衛印書局

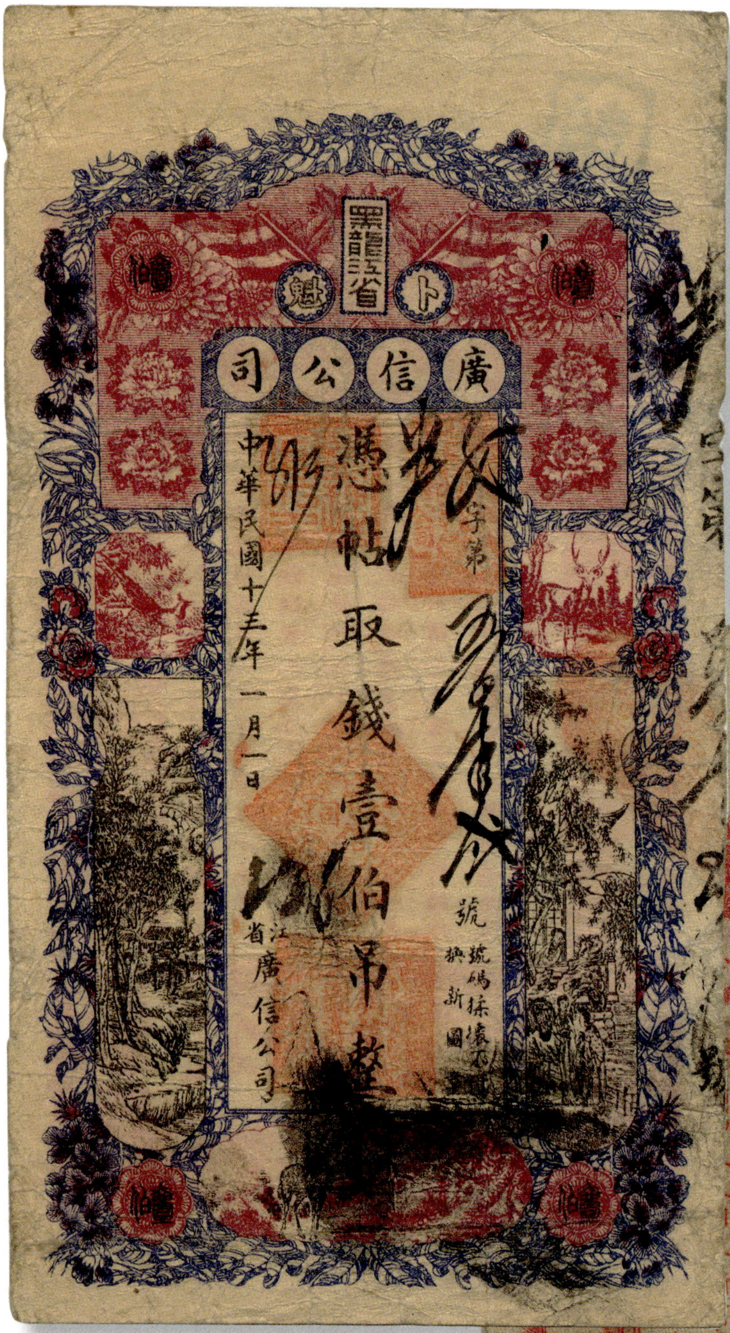

黒龍江省廣信公司　サイズ:175×98mm　意匠:
花葉図　額面:壹伯吊　発行国:中華民国　年銘:
民国13年（1924年）　印刷：永衛印書局製

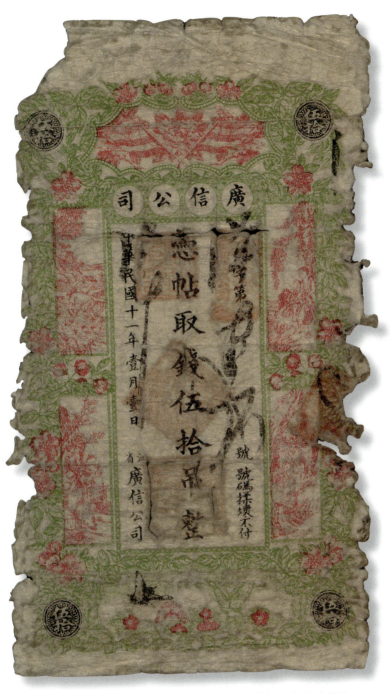

黒龍江省廣信公司　サイズ：173 × 96mm　意匠：花鳥図　額面：伍拾吊
発行国：中華民国　年銘：民国11年（1922年）　印刷：永衛印書局製

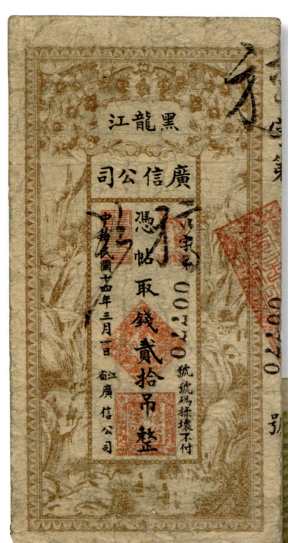

黒龍江省省廣信公司　サイズ：140×74mm　意匠：花葉紋様　額面：貳拾吊　発行国：中華民国　年銘：民国14年（1925年）　印刷：永衛印書局製

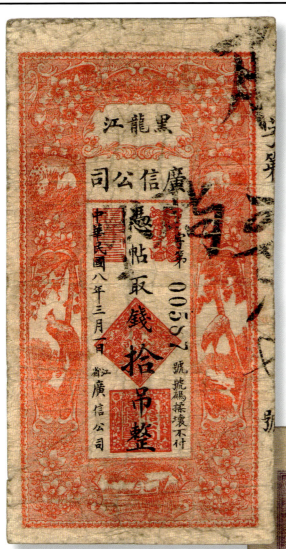

黒龍江省廣信公司　サイズ：138 × 74mm
意匠：花鳥図　額面：拾吊　発行国：中華民国　年銘：民国8年（1919年）　印刷：永衛印書局製

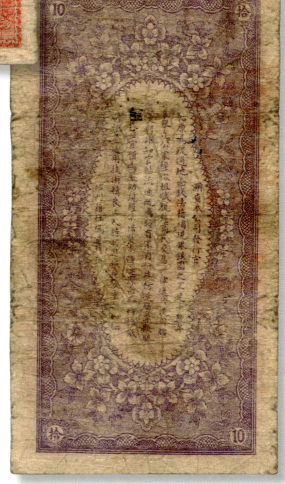

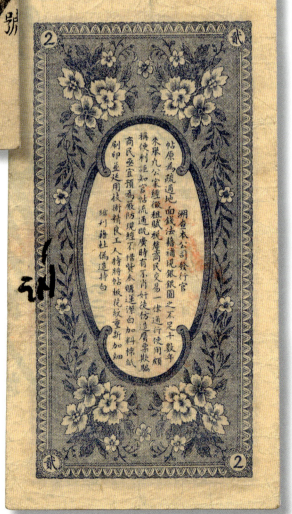

黒龍江省廣信公司　サイズ：141×75mm　意匠：
山水図　額面：貳吊　発行国：中華民国　年銘：
民国8年（1919年）　印刷：永衛印書局製

通貨統合告知ポスター（滿洲中央銀行）

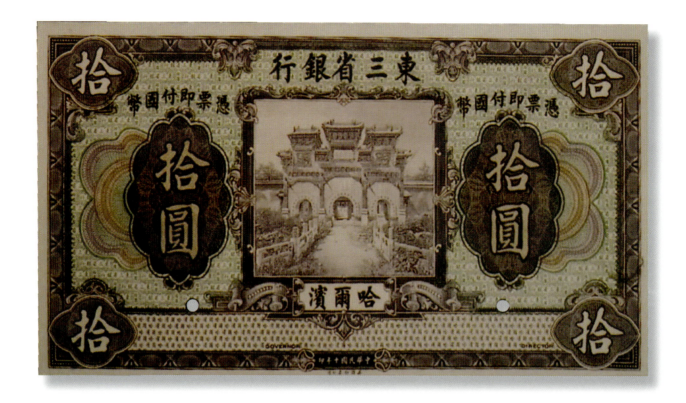

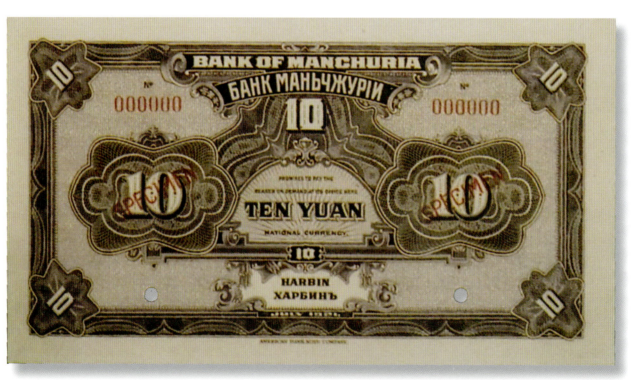

東三省銀行　様本　拾圓　サイズ：94×169mm　意匠：山海関門　額面：10圓　発行国：中華民国　年銘：民国10年（1921年）　印刷：東三省銀行　特徴：哈爾濱通用

東三省銀行　様本　サイズ：96 × 174mm　額面：拾圓　発行国：中華民国　年銘：民国10年（1921年）
印刷：東三省銀行　特徴：哈爾濱通用

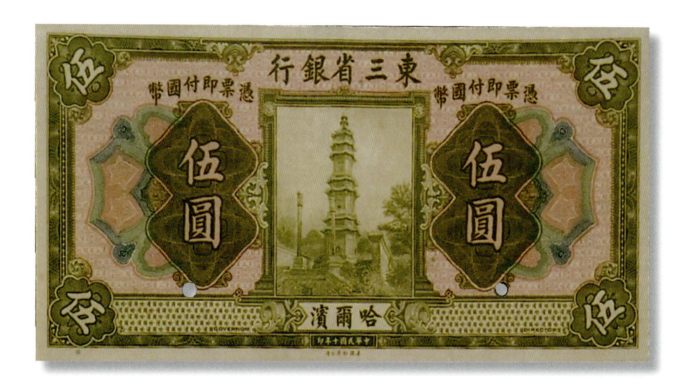

東三省銀行券　様本　サイズ：88×167mm　額面：伍圓　発行国：中華民国　年銘：民国10年（1921年）特徴：SPECIMEN、哈爾濱加刷

東三省銀行券　様本　サイズ：78 × 144mm　額面：壹圓　発行国：中華民国　年銘：民国10年（1921年）特徴：SPECIMEN、哈爾濱加刷

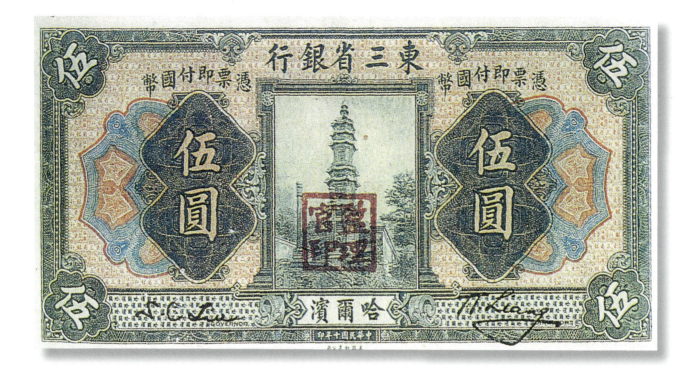

東三省銀行券　サイズ：88 × 170mm　額面：伍圓　発行国：中華民国　年銘：民国10年（1921年）
特徴：哈爾濱

東三省銀行券　サイズ：81 × 144mm　額面：壹圓　発行国：中華民国　年銘：民国10 年（1921年）
特徴：哈爾濱

東三省官銀號改造券　様本　サイズ：59×117mm　額面：伍角　発行国：中華民国（往時張作霖の管理下にあった東三省官銀号・吉林永衡官銀銭号・黒龍江官銀号と同じ経営。後に満洲中央銀行に統合）　発行年：民国18年（1929年）　印刷：永衡印書局製　特徴：様本加刷

東三省官銀號改造券　様本　サイズ：56×106mm　額面：貳角　発行国：中華民国（往時張作霖の管理下にあった東三省官銀号・吉林永衡官銀銭号・黒龍江官銀号と同じ経営。後に満洲中央銀行に統合）　発行年：民国18年（1929年）　印刷：永衡印書局製　特徴：様本加刷

東三省銀行改造券　様本　サイズ：57×118mm　額面：貮角　発行国：中華民国（往時張作霖の管理下にあった東三省官銀号・吉林永衡官銀銭号・黒龍江官銀号と同じ経営。後に満洲中央銀行に統合）　年銘：民国10年（1921年）　印刷：東三省銀行　特徴：哈爾濱通用、SPECIMEN加刷

東三省銀行改造券　様本　サイズ：57×118mm　額面：貮角　発行国：中華民国（往時張作霖の管理下にあった東三省官銀号・吉林永衡官銀銭号・黒龍江官銀号と同じ経営。後に満洲中央銀行に統合）　年銘：民国10年（1921年）　印刷：東三省銀行　特徴：様本券加刷

東三省銀行改造券　様本　サイズ：56×112mm　額面：壹角　発行国：満洲国（往時張作霖の管理下にあった東三省官銀号・吉林永衡官銀銭号・黒龍江官銀号と同じ経営。後に満洲中央銀行に統合）　年銘：民国12年（1923年）　印刷：東三省銀行　特徴：様本券加刷　特徴：哈爾濱

東三省銀行改造券　様本　サイズ：56×112mm　意匠：紋様　額面：壹角　発行国：満洲国（往時張作霖の管理下にあった東三省官銀号・吉林永衡官銀銭号・黒龍江官銀号と同じ経営。後に満洲中央銀行に統合）　年銘：民国12年（1923年）　印刷：東三省銀行　特徴：様本券加刷

東三省銀行改造券　サイズ：57×115mm　意匠：紋様　額面：貳角　発行国：満洲国（往時張作霖の管理下にあった東三省官銀号・吉林永衡官銀銭号・黒竜江官銀号と同じ経営。後に満洲中央銀行に統合）　年銘：民国10年（1921年）　印刷：東三省銀行　特徴：哈爾濱

東三省銀行改造券　様本　サイズ：53×105mm　額面：伍分　発行国：満洲国（往時張作霖の管理下にあった東三省官銀号・吉林永衡官銀銭号・黒龍江官銀号と同じ経営。後に満洲中央銀行に統合）　年銘：民国12年（1923年）　印刷：東三省銀行　特徴：哈爾濱通用、SPECIMEN加刷

東三省銀行改造券　様本　サイズ：53×105mm　額面：伍分　発行国：満洲国（往時張作霖の管理下にあった東三省官銀号・吉林永衡官銀銭号・黒龍江官銀号と同じ経営。後に満洲中央銀行に統合）　年銘：民国12年（1923年）　印刷：東三省銀行　特徴：哈爾濱通用、SPECIMEN加刷

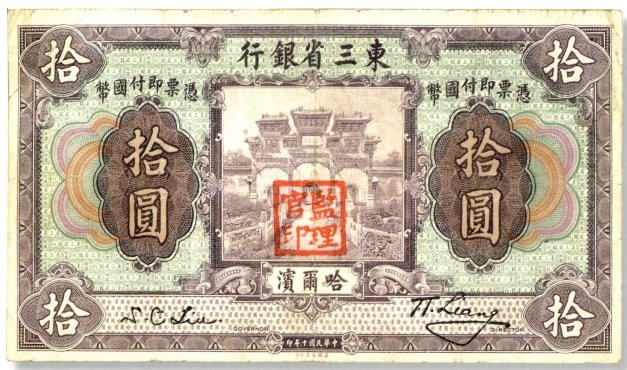

東三省銀行　サイズ：94 × 169mm　額面：拾圓　発行国：中華民国　年銘：民国10年（1921 年）　印刷：東三省銀行　特徴：哈爾濱通用（受託：美国鈔票公司）

東三省官銀號　東三省官銀號滙兌券　サイズ：100 × 183mm　額面：壹百圓　発行国：中華民国　年銘：民国13年（1924年）　印刷：永衛印書局製（受託：美国鈔票公司）

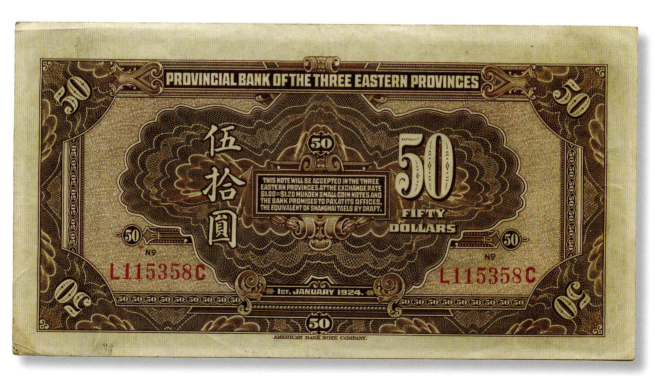

東三省官銀號滙兌券　サイズ：90×174mm　額面：伍拾圓　発行国：中華民国　年銘：民国13年（1924年）　印刷：永衛印書局製（受託：美国鈔票公司）

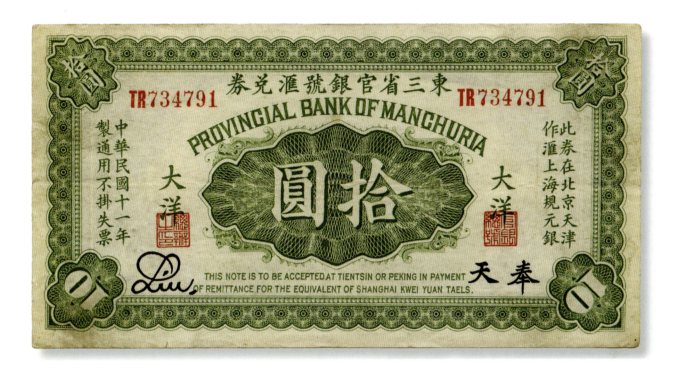

東三省官銀號加刷券　サイズ：86×169mm　意匠：天檀　額面：拾圓　発行国：中華民国　年銘：民国11年（1922年）　印刷：永衛印書局製　特徴：奉天加刷

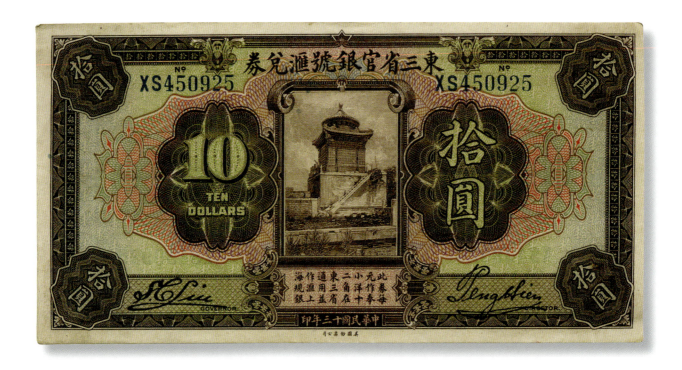

東三省官銀號滙兌券　サイズ:85×167mm　額面:拾圓　発行国:中華民国　年銘:民国13年(1924年)
印刷:永衛印書局製（受託:美国鈔票公司）

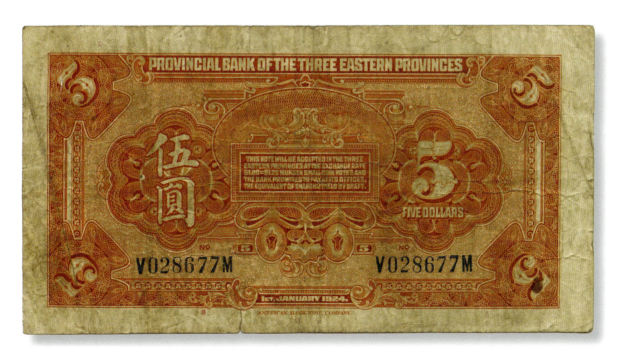

東三省官銀號滙兌券　サイズ:81 × 155mm　額面:伍圓　発行国:中華民国　年銘:民国13年(1924年)　印刷:永衛印書局製（受託：美国鈔票公司)

東三省官銀號加刷券　サイズ：71×154mm　額面：壹圓　発行国：中華民国　年銘：民国18年（1929年）　印刷：満洲帝国印刷局加刷　特徴：天津通用加刷（受託：美国鈔票公司）

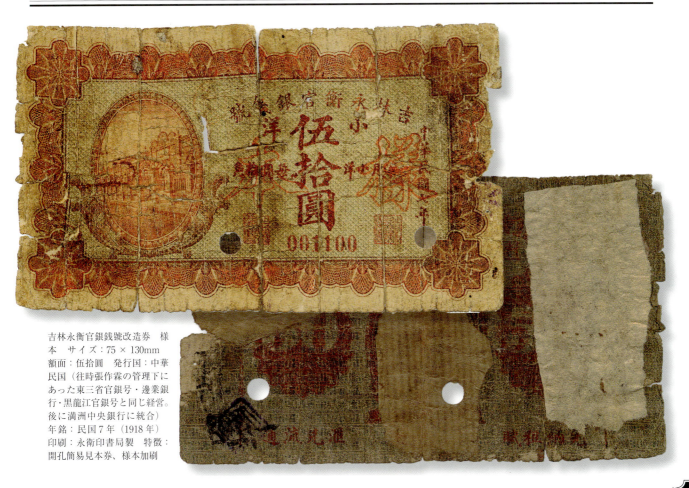

吉林永衡官銀錢號改造券　様本　サイズ：75×130mm
額面：伍拾圓　発行国：中華民国（往時張作霖の管理下にあった東三省官銀号・邊業銀行・黒龍江官銀号と同じ経営。後に満洲中央銀行に統合）
年銘：民国7年（1918年）
印刷：永衡印書局製　特徴：開孔簡易見本券、様本加刷

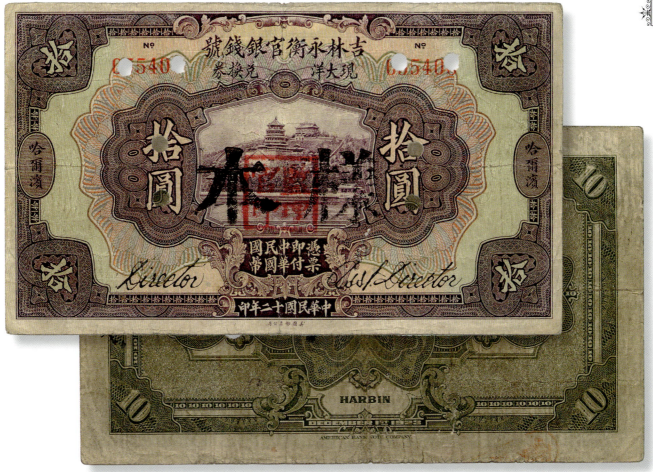

吉林永衡官銀錢號改造券　様本　サイズ：89×155mm　額面：拾圓　発行国：中華民国（往時張作霖の管理下にあった東三省官銀号・邊業銀行・黒龍江官銀号と同じ経営。後に満洲中央銀行に統合）　年銘：民国12年（1923年）　印刷：永衡印書局製　特徴：開孔簡易見本券、様本加刷（受託：美国鈔票公司）

吉林永衡官銀錢號券　サイズ：93×165mm　額面：拾圓　発行国：中華民国（往時張作霖の管理下にあった東三省官号・邊業銀行・黒龍江官銀号と同じ経営。後に満洲中央銀行に統合）　年銘：民国15年（1926年）　印刷：永衡印書局製（受託：美国鈔票公司）

吉林永衡官銀錢號券　サイズ：88×155mm　額面：拾圓　発行国：中華民国（往時張作霖の管理下にあった東三省官銀号・邊業銀行・黒龍江官銀号と同じ経営。後に満洲中央銀行に統合）　年銘：民国12年（1923年）　印刷：永衡印書局製（受託：美国鈔票公司）

吉林永衡官銀錢號改造券　様本　サイズ:75 × 133mm　額面:拾圓　発行国:中華民国（往時張作霖の管理下にあった東三省官銀号・邊業銀行・黒龍江官銀号と同じ経営。後に満洲中央銀行に統合）　年銘:民国7年（1918年）　印刷:永衡印書局製　特徴:様本加刷

吉林永衡官銀錢號券　サイズ：92×160mm　額面：拾圓　発行国：中華民国（往時張作霖の管理下にあった東三省官銀号・吉林永衡官銀錢号・黒龍江官銀号と同じ経営。後に満洲中央銀行に統合）　年銘：民国15年（1926年）　印刷：永衡印書局製（受託：美国鈔票公司）

吉林永衡官銀錢號券　サイズ：90×155mm　額面：伍圓　発行国：中華民国（往時張作霖の管理下にあった東三省官銀号・吉林永衡官銀錢号・黒龍江官銀号と同じ経営。後に満洲中央銀行に統合）　年銘：民国15年（1926年）　印刷：永衡印書局製（受託：美国鈔票公司）

吉林永衡官銀錢號改造券　様本　サイズ：75×129mm　額面：伍圓　発行国：中華民国（往時張作霖の管理下にあった東三省官銀号・邊業銀行・黒龍江官銀号と同じ経営。後に満洲中央銀行に統合）　年銘：民国10年（1921年）　印刷：永衡印書局製　特徴：様本加刷

吉林永衡官銀錢號券　サイズ：82×140mm　額面：壹圓　発行国：中華民国（往時張作霖の管理下にあった東三省官銀号・吉林永衡官銀号・黒龍江官銀号と同じ経営。後に満洲中央銀行に統合）　年銘：民国12年（1923年）　印刷：永衡印書局製（受託：美国鈔票公司）

吉林永衡官銀錢號改造券　樣本　サイズ：83×140mm　額面：壹圓　発行国：中華民国（往時張作霖の管理下にあった東三省官銀号・邊業銀行・黒龍江官銀号と同じ経営。後に満洲中央銀行に統合）　年銘：民国12年（1923年）　印刷：永衡印書局製　特徴：SPECIMEN、様券加刷（受託：美国鈔票公司）

吉林永衡官銀錢號改造券　樣本　サイズ：83×140mm　意匠：紋様　額面：壹圓　発行国：中華民国（往時張作霖の管理下にあった東三省官銀号・邊業銀行・黒龍江官銀号と同じ経営。後に満洲中央銀行に統合）　年銘：民国12年（1923年）　印刷：永衡印書局製　特徴：SPECIMEN、様券加刷（受託：美国鈔票公司）

吉林永衡官銀錢號改造券　様本　サイズ：65 × 123mm　額面：伍角　発行国：中華民国（往時張作霖の管理下にあった東三省官銀号・邊業銀行・黒龍江官銀号と同じ経営。後に満洲中央銀行に統合）　年銘：民国 15 年（1926 年）　印刷：永衡印書局製　特徴：様本加刷

吉林永衡官銀錢號改造券　様本　サイズ：65 × 123mm　意匠：紋様　額面：伍角　発行国：中華民国（往時張作霖の管理下にあった東三省官銀号・邊業銀行・黒龍江官銀号と同じ経営。後に満洲中央銀行に統合）　年銘：民国 15 年（1926 年）　印刷：永衡印書局製　特徴：様本加刷

吉林永衡官銀錢號券　サイズ：67×120mm　額面：伍角　発行国：中華民国（往時張作霖の管理下にあった東三省官銀号・邊業銀行・黒龍江官銀号と同じ経営。後に満洲中央銀行に統合）年銘：民国7年（1918年）　印刷：永衡印書局製

吉林永衡官銀錢號券　サイズ：62×111m　額面：貳角　発行国：中華民国（往時張作霖の管理下にあった東三省官銀号・邊業銀行・黒龍江官銀号と同じ経営。後に満洲中央銀行に統合）年銘：民国7年（1918年）　印刷：永衡印書局製

吉林永衡官銀錢號改造券　様本　サイズ：63×112mm　額面：貳角　発行国：中華民国（往時張作霖の管理下にあった東三省官銀号・邊業銀行・黒龍江官銀号と同じ経営。後に満洲中央銀行に統合）　年銘：民国7年（1918年）　印刷：永衡印書局製　特徴：様本加刷

吉林永衡官銀錢號改造券　様本　サイズ：60×105mm　意匠：紋様　額面：壹角　発行国：中華民国（往時張作霖の管理下にあった東三省官銀号・邊業銀行・黒龍江官銀号と同じ経営。後に満洲中央銀行に統合）　年銘：民国7年（1918年）　印刷：永衡印書局製　特徴：様本加刷

吉林永衡官銀錢號券　サイズ：59×108mm　意匠：紋様　額面：壹角　発行国：中華民国（往時張作霖の管理下にあった東三省官銀号・邊業銀行・黒龍江官銀号と同じ経営。後に満洲中央銀行に統合）　年銘：民国7年（1918年）　印刷：永衡印書局製

吉林永衡官銀錢號改造券　様本　サイズ：57×110mm　意匠：風景図　額面：伍分　発行国：中華民国（往時張作霖の管理下にあった東三省官銀号・邊業銀行・黒龍江官銀号と同じ経営。後に満洲中央銀行に統合）　年銘：民国15年（1926年）　印刷：永衡印書局製　特徴：様本加刷

吉林永衡官銀錢號改造券　様本　サイズ：57×110mm　意匠：紋様　額面：伍分　発行国：中華民国（往時張作霖の管理下にあった東三省官銀号・邊業銀行・黒龍江官銀号と同じ経営。後に満洲中央銀行に統合）　年銘：民国15年（1926年）　印刷：永衡印書局製　特徴：様本加刷

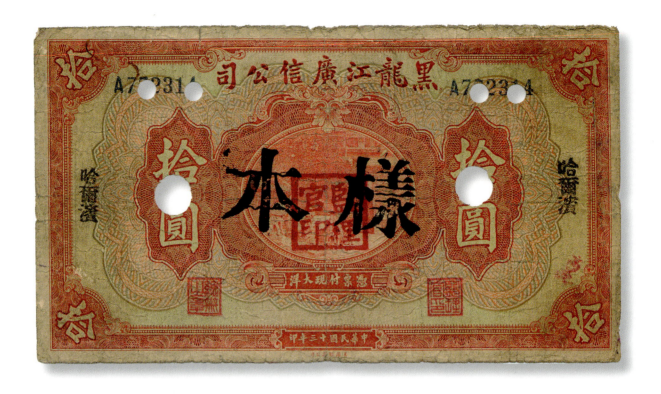

黒龍江廣信公司改造券　様本　サイズ：88×159mm　額面：拾圓　発行国：中華民国　年銘：民国13年（1924年）　印刷：永衛印書局製（受託：美国鈔票公司）　特徴：哈爾濱、様本加刷

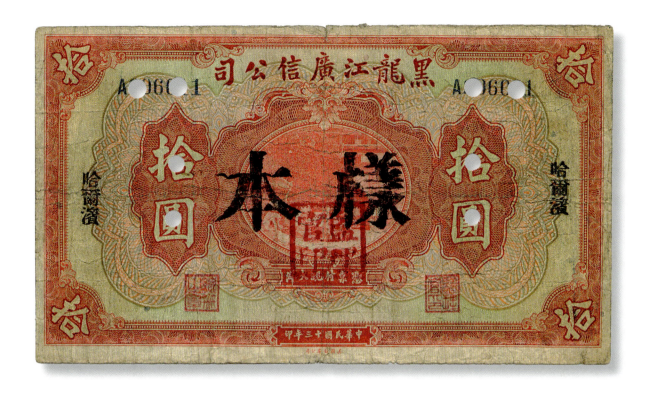

黒龍江廣信公司改造券　様本　サイズ：88×159mm　額面：拾圓　発行国：中華民国　年銘：民国13年（1924年）　印刷：永衛印書局製（受託：美国鈔票公司）特徴：哈爾濱、様本加刷

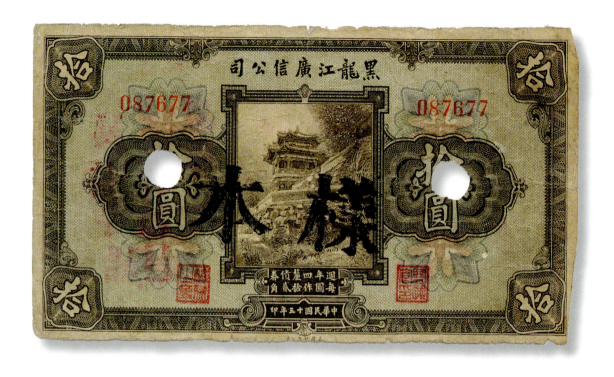

黒龍江廣信公司改造券　様本　サイズ：84 × 149mm　額面：拾圓　発行国：中華民国　年銘：民国13年（1924年）　印刷：永衛印書局製（受託：美国鈔票公司）　特徴：様本加刷（墨）

黒龍江廣信公司改造券　様本　サイズ：84×149mm　額面：拾圓　発行国：中華民国　年銘：民国13年（1924年）　印刷：永衛印書局製（受託：美国鈔票公司）　特徴：様本加刷（朱）

黒龍江廣信公司　サイズ：85 × 150mm　額面：拾圓　発行国：中華民国　年銘：民国13年（1924年）　印刷：永衛印書局製（受託：美国鈔票公司）

黒龍江廣信公司　サイズ：90 × 158mm　額面：拾圓　発行国：中華民国　年銘：民国13年（1924年）　印刷：永衛印書局製（受託：美国鈔票公司）

黒龍江廣信公司　加刷券　サイズ:89×158mm　額面:拾圓　発行国:中華民国　年銘:民国13年(1924年)　印刷:永衛印書局製（受託：美国鈔票公司）　特徴：哈爾濱加刷

黒龍江廣信公司改造券　様本　サイズ:82×150mm　額面:伍圓　発行国:中華民国　年銘:民国13年(1924年)　印刷:永衛印書局製(受託:美国鈔票公司)　特徴:哈爾濱、様本加刷(墨)

黒龍江廣信公司改造券　様本　サイズ:82 × 150mm　額面:伍圓　発行国:中華民国　年銘:民国13年(1924年)　印刷:永衛印書局製(受託:美国鈔票公司)　特徴:様本加刷(墨)

黒龍江廣信公司滙兌券　改造券　様本　サイズ：68×114mm　額面：壹圓　発行国：中華民国　年銘：民国8年（1919年）　印刷：財政部印刷局製　特徴：様本加刷

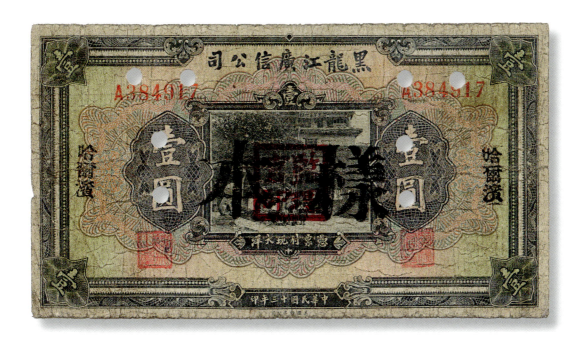

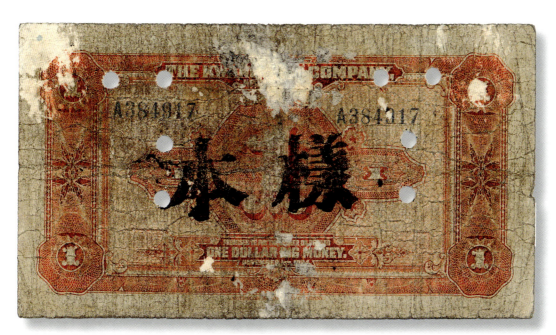

黒龍江廣信公司改造券　様本　サイズ：77×140mm　額面：壹圓　発行国：中華民国　年銘：民国13年（1924年）　印刷：永衡印書局製（受託：美国鈔票公司）　特徴：哈爾濱、様本加刷（墨）

黒龍江廣信公司滙兌券　様本　サイズ：56×105mm　意匠：紋様　額面：壹角　発行国：中華民国　年銘：民国9年（1920年）　印刷：永衡印書局製　特徴：様本加刷

黒龍江廣信公司兌換券輔幣　様本　サイズ：60×106mm　意匠：紋様　額面：壹角　発行国：中華民国　年銘：民国18年（1929年）　印刷：財政部印刷局製　特徴：様本加刷

察哈爾商業錢局　加刷券　サイズ：70×164mm　意匠：ジャンク　額面：拾圓　発行国：中華民国（旧チャハル省）　年銘：民国22年（1933年）　印刷：財政部印刷局製　特徴：平津通用、張家口加刷

察哈爾商業錢局　加刷券　サイズ：70×164mm　意匠：ジャンク　額面：伍圓　発行国：中華民国（旧チャハル省）　年銘：民国22年（1933年）　印刷：財政部印刷局製　特徴：平津通用、張家口加刷

察哈爾商業錢局　樣本　サイズ：70×157mm　意匠：ジャンク　額面：伍圓　発行国：中華民国(旧チャハル省)　年銘：民国22年（1933年）　印刷：財政部印刷局製　特徴：正面作廢、張家口加刷

察哈爾商業錢局　樣本　サイズ：70×157mm　意匠：ジャンク　額面：壹圓　発行国：中華民国(旧チャハル省)　年銘：民国22年（1933年）　印刷：財政部印刷局製　特徴：張家口加刷

察哈爾商業錢局　様本　サイズ：70×157mm　額面：壹圓　発行国：中華民国（旧チャハル省）　年銘：民国22年（1933年）　印刷：財政部印刷局製　特徴：Specimen加刷

察哈爾商業錢局　加刷券　サイズ：50×118mm　意匠：機関車　額面：壹角　発行国：中華民国（旧チャハル省）　年銘：民国24年（1935年）　印刷：財政部印刷局製　特徴：張家口加刷

中国銀行券　哈爾濱通用　通用券　サイズ：147×83mm　額面：壹圓　発行：中華民国　年銘：民国7年（1918年）　特徴：ロシア文字入り　製造：中国銀行　※製造受託、美国鈔票公司

西北銀行券　張家口通用　通用券　サイズ：152×85mm　額面：伍圓　発行：中華民国　年銘：民国14年（1925年）　特徴：満洲文字入り　製造：財政部印刷局製　加刷：張家口

奉天公濟平市錢號券　サイズ：70 × 124mm　額面：銅元壹百枚　発行国：中華民国　年銘：民国11年（1922年）　印刷：財政部印刷局製

奉天公濟平市錢號券　サイズ：63 × 110mm　額面：銅元伍拾枚　発行国：中華民国　年銘：民国11年（1922年）　印刷：財政部印刷局製

奉天公濟平市錢號券　サイズ：54×105mm　額面：銅元貳拾枚　発行国：中華民国　年銘：民国11年（1922年）　印刷：財政部印刷局製

奉天公濟平市錢號券　サイズ：53×95mm　意匠：紋様　額面：銅元拾枚　発行国：中華民国　年銘：民国13年（1924年）　印刷：財政部印刷局製

奉天公濟平市錢號券　サイズ：49×91mm　意匠：奉天北塔　額面：銅元拾枚
発行国：中華民国　年銘：民国11年（1922年）　印刷：財政部印刷局製

奉天公濟平市錢號券　サイズ：49×90mm　意匠：奉天北塔　額面：銅元拾枚　発行国：
中華民国　年銘：民国11年（1922年）　印刷：財政部印刷局製

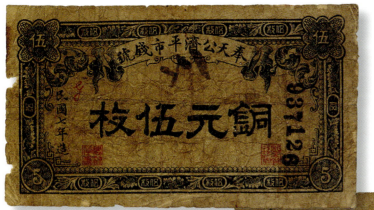

奉天公済平市銭號券　サイズ:52×93mm　意匠:地紋　額面:銅元伍枚　発行国:中華民国　年銘:民国7年（1918年）　印刷:財政部印刷局製

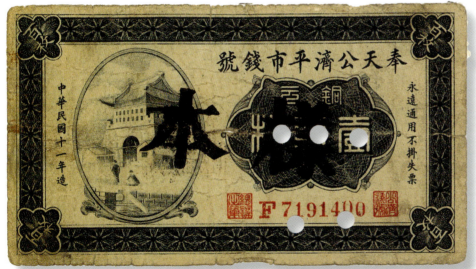

奉天公済平市銭號券　様本　サイズ:68×125mm　額面:壹百枚　発行国:中華民国　年銘:民国11年（1922年）　印刷:財政部印刷局製　特徴:簡易開孔見本券、様本加刷

中国中央銀行券　様本　サイズ：159×68mm　意匠：銀行全景　額面：50,000キャッシュ　発行国：中華民国　特徴：裏面、紋様入り

中国銀行加刷券　サイズ:68 × 130mm　意匠:万里長城　額面:貳角　発行国:満洲国　印刷:財政部印刷局製、特徵:東三省、MANCHURIA加刷

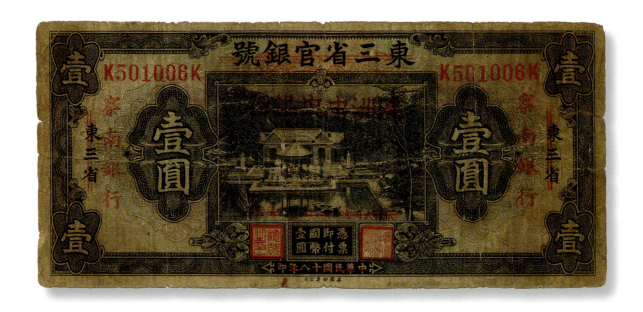

東三省官銀號加刷券　サイズ:70×153mm　額面:壹圓　発行国:察南自治政府　年銘:民国26年（1937年）　印刷:察南自治政府　特徴:察南銀行加刷（受託:美国鈔票公司）

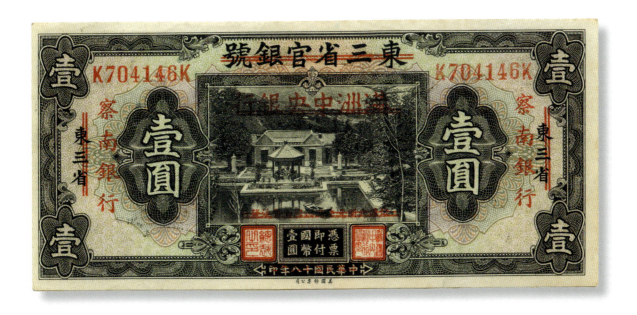

東三省官銀號察南銀行加刷券　サイズ：71 × 154mm　額面：壹圓　発行国：察南自治政府（受託：美国鈔票公司）　年銘：民国26年（1937年）　印刷：満洲帝国印刷局加刷

北京臨時政府財政部有利流通券加刷　サイズ:84×137mm　額面:拾圓　発行国:北京臨時政府　年銘:民国12年(1923年)　印刷:財政部印刷局製　特徴:北京、紀年加刷

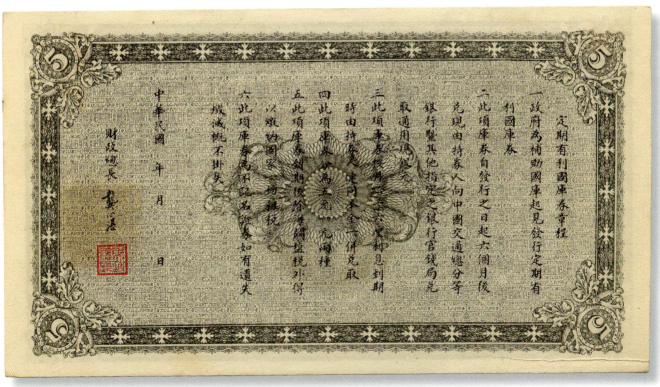

北京臨時政府財政部有利国庫券　サイズ:98×178mm　意匠:紋様　額面:伍圓　発行国:
北京臨時政府　年銘:民国9年（1920年）　印刷:財政部印刷局製

北京臨時政府財政部有利流通券加刷 サイズ：73×127mm 額面：伍圓 発行国：北京臨時政府 年銘：民国12年（1923年） 印刷：財政部印刷局製 特徴：北京加刷

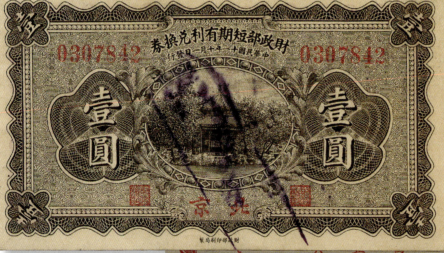

北京臨時政府財政部有利流通券加刷 サイズ：68×123mm 額面：壹圓 発行国：北京臨時政府 年銘：民国11年（1922年） 印刷：財政部印刷局製 特徴：北京加刷

北京臨時政府財政部定期有利国庫券　サイズ：98×178mm　意匠：紋様　額面：壹圓
発行国：北京臨時政府　年銘：民国9年（1920年）　印刷：財政部印刷局製

財政部平市官錢局加刷券　サイズ：92×162mm　意匠：天檀　額面：銅元壹伯枚　発行国：
中華民国　年銘：民国4年（1915年）　印刷：北京臨時政府財政部　特徴：河南表記

財政部平市官銭局加刷券　サイズ：93 × 162mm　意匠：天檀　額面：銅元壹伯枚　発行国：中華民国　年銘：民国4年（1915年）　印刷：北京臨時政府財政部　特徴：直隷表記

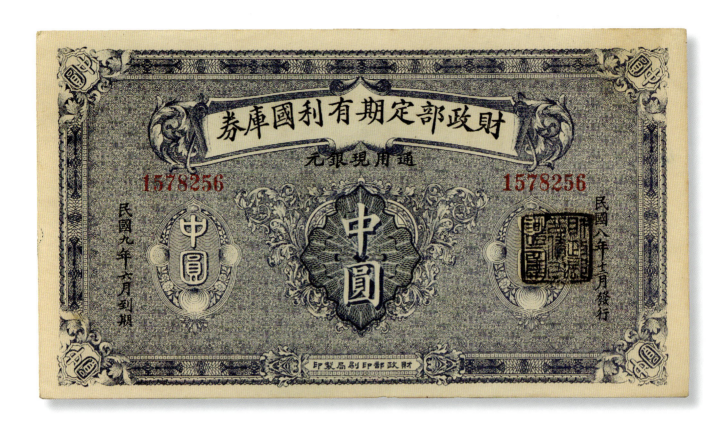

北京臨時政府財政部有利定期国庫券　サイズ：98×178mm　意匠：紋様　額面：中圓　発行国：北京臨時政府　年銘：民国9年（1920年）　印刷：財政部印刷局製

財政部平市官銭局加刷券　サイズ：88×153mm　意匠：天檀　額面：銅元伍拾枚　発行国：中華民国　年銘：民国4年（1915年）　印刷：北京臨時政府財政部　特徴：京兆表記

財政部平市官銭局加刷券　サイズ：88×153mm　意匠：天檀　額面：銅元伍拾枚　発行国：中華民国　年銘：民国4年（1915年）　印刷：北京臨時政府財政部　特徴：墨塗北京表記消し

財政部平市官銭局券　サイズ：88×152mm　意匠：天檀　額面：銅元伍拾枚　発行国：中華民国　年銘：民国4年（1915年）　印刷：北京臨時政府財政部　特徴：京兆表記

財政部平市官銭局加刷券　サイズ：88×153mm　意匠：天檀　額面：銅元伍拾枚　発行国：中華民国　年銘：民国4年（1915年）　印刷：北京臨時政府財政部　特徴：墨塗北京表記消し

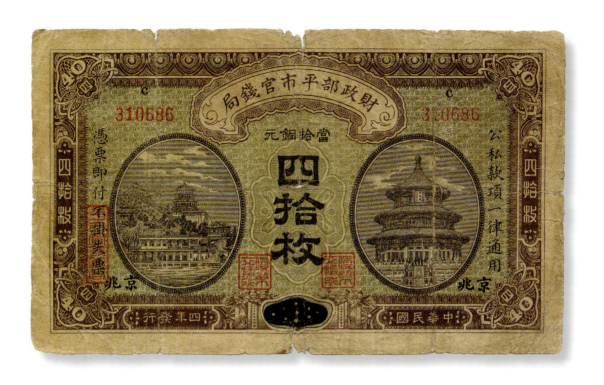

財政部平市官銭局加刷券　サイズ：85×145mm　意匠：天檀　額面：銅元四拾枚　発行国：中華民国　年銘：民国4年（1915年）　印刷：北京臨時政府財政部　特徴：墨塗北京表記消し

財政部平市官銭局加刷券　サイズ：83×137mm　意匠：天檀　額面：銅元貳拾枚　発行国：中華民国　年銘：民国4年（1915年）　印刷：北京臨時政府財政部　特徴：墨塗北京表記消し

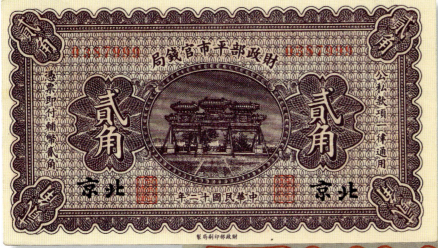

財政部平市官銭局券　サイズ：65 × 118mm　額面：貳角　発行国：中華民国　年銘：民国12年（1923年）　印刷：北京臨時政府財政部

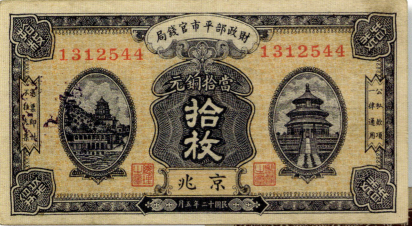

財政部平市官銭局券　サイズ：60 × 110mm　意匠：天檀　額面：銅元拾枚　発行国：中華民国　年銘：民国12年（1923年）　印刷：北京臨時政府財政部

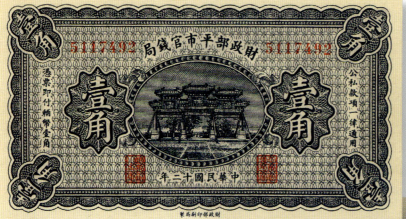

財政部平市官錢局券　サイズ：60×110mm
額面：壹角　発行国：中華民国　年銘：民国
12年（1923年）　印刷：北京臨時政府財政部

綏遠平市官錢局券　サイズ：85×
150mm　額面：拾圓　発行国：中華
民国　年銘：民国17年（1928年）
（80％に縮小表示）

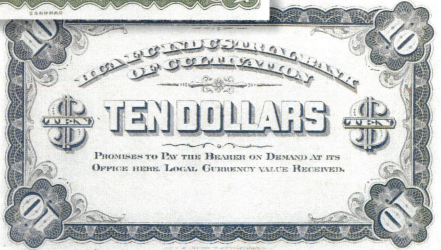

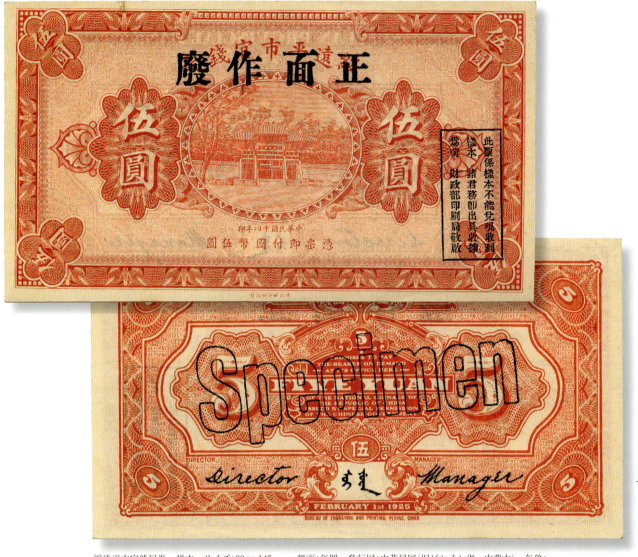

綏遠平市官銭局券　様本　サイズ：80×145mm　額面：伍圓　発行国：中華民国（旧ビンイン省→内蒙古）　年銘：民国14年（1925年）　印刷：財政部印刷局製　特徴：正面作廃、Specimen加刷

豊業銀行券　様本　サイズ：80×145mm　額面：壹圓　発行国：中華民国（旧綏遠省→内蒙古）　年銘：民国10年（1921年）　印刷：財政部印刷局製　特徴：様本、歸綏加刷

豐業銀行　様本　サイズ：78×145mm　意匠：紋様　額面：壹圓　発行国：中華民国（旧綏遠省→内蒙古）　年銘：民国10年（1921年）　印刷：財政部印刷局製　特徴：SPECIMEN 加刷

奉天牛莊公立勸業銀號　様本　サイズ：92×155mm　意匠：双龍と宝寿　額面：伍圓　発行国：民国臨時政府　年銘：民国27年（1938年）　印刷：凸版凹版合刷　満日共同印刷株式会社　（珍）

辺業銀行の開業とその経営

　1919年6月、西北辺防総司令に就任した徐樹錚は、辺疆（中国西北部）の金融安定と実業振興を図るため、北京に辺業銀行を開業した。辺業銀行は北京政府から紙幣発行権を得ると、100元、10元、5元、1元、2角、1角の計6種の紙幣を発行した。しかし、徐樹錚は軍人出身で金融事情に疎かったことから、辺業銀行はたちまち経営困難に陥った。

　1924年の第二次奉直戦争で勝利した奉天軍閥の張作霖が北京政府の実権を握ると、息子の張学良は1925年4月、資本金2000万元を投じて辺業銀行を再建した。そして、本店を北京から天津に移し、奉天と長春に支店を置いた。その後、張学良は自ら董事長に就任して辺業銀行を直接経営し、奉天軍閥の莫大な軍事費を賄った。

　1926年、辺業銀行は華北の政争から逃れるため、奉天に本店を移転させた。その後数年は経営が順調に進み、1931年初めには支店数が21カ所を数え、東三省官銀号とともに満洲最大規模の銀行のひとつとなった。しかし、1931年9月、満洲事変が起きると、満洲にあった辺業銀行の財産はすべて関東軍に没収された。そのため、辺業銀行は中国国内に残っていたわずか300万元の資金を元手に、10月、再び天津に本店を移し、経営を存続させた（1936年8月、上海に本店を移転）。

邊業銀行券　様本　サイズ：95×185mm　額面：壹百圓　発行国：中華民国　年銘：民国14年（1925年）　印刷：永衛印書局製（受託：美国鈔票公司）　特徴：SPESIMEN加刷

邊業銀行改造券　様本　サイズ：74×135mm　額面：壹圓　発行国：中華民国（往時張作霖の管理下にあった東三省官銀号・吉林永衡官銀銭号・黒龍江官銀号と同じ経営。後に満洲中央銀行に統合）　年銘：民国14年（1925年）
印刷：財政部印刷局製（受託：美国鈔票公司）　特徴：様本加刷

邊業銀行改造券　様本　サイズ：74×135mm　意匠：紋様　額面：壹圓　発行国：中華民国（往時張作霖の管理下にあった東三省官銀号・吉林永衡官銀銭号・黒龍江官銀号と同じ経営。後に満洲中央銀行に統合）　年銘：民国14年（1925年）　印刷：財政部印刷局製（受託：美国鈔票公司）　特徴：SPECIMEN、様本加刷

邊業銀行改造券　様本　サイズ：74 × 137mm　額面：壹圓　発行国：中華民国（往時張作霖の管理下にあった東三省官銀号・吉林永衡官銀銭号・黒龍江官銀号と同じ経営。後に満洲中央銀行に統合）　年銘：民国14年（1925年）　印刷：財政部印刷局製（受託：美国鈔票公司）　特徴：SPECIMEN、様本加刷

邊業銀行改造券　様本　サイズ：74 × 137mm　額面：壹圓　発行国：中華民国（往時張作霖の管理下にあった東三省官銀号・吉林永衡官銀銭号・黒龍江官銀号と同じ経営。後に満洲中央銀行に統合）　年銘：民国14年（1925年）　印刷：財政部印刷局製（受託：美国鈔票公司）　特徴：SPECIMEN、様本加刷

邊業銀行改造券　樣本　サイズ：63×112mm　額面：貳角　発行国：中華民国（往時張作霖の管理下にあった東三省官銀号・吉林永衡官銀錢号・黒龍江官銀号と同じ経営。後に満洲中央銀行に統合）　年銘：民国14年（1925年）　印刷：財政部印刷局製　特徴：樣本加刷　特徴：京津通用加刷

邊業銀行改造券　樣本　サイズ：63×112mm　額面：貳角　発行国：中華民国（往時張作霖の管理下にあった東三省官銀号・吉林永衡官銀錢号・黒龍江官銀号と同じ経営。後に満洲中央銀行に統合）　年銘：民国18年（1929年）　印刷：財政部印刷局製　特徴：奉天、SPECIMEN、樣本加刷

邊業銀行改造券　樣本　サイズ：62×110mm　額面：貳角　発行国：中華民国（往時張作霖の管理下にあった東三省官銀号・吉林永衡官銀銭号・黒龍江官銀号と同じ経営。後に満洲中央銀行に統合）　年銘：民国18年（1929年）　印刷：財政部印刷局製　特徴：HARBIN、SPECIMEN、様本加刷

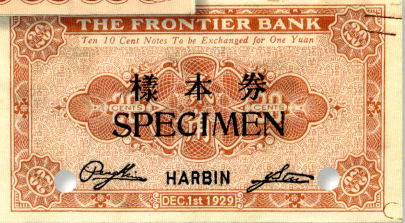

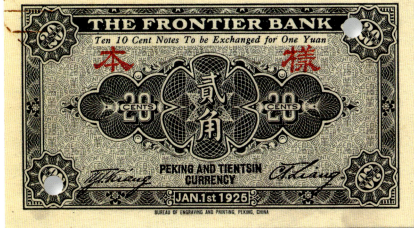

邊業銀行改造券　樣本　サイズ：64×110mm　額面：貳角　発行国：中華民国（往時張作霖の管理下にあった東三省官銀号・吉林永衡官銀銭号・黒龍江官銀号と同じ経営。後に満洲中央銀行に統合）　年銘：民国14年（1925年）　印刷：永衡印書局製　特徴：SPECIMEN、様本加刷

邊業銀行改造券　様本　サイズ：59 × 105mm　額面：壹角　発行国：中華民国（往時張作霖の管理下にあった東三省官銀号・吉林永衡官銀銭号・黒龍江官銀号と同じ経営。後に満洲中央銀行に統合）　年銘：民国18年（1929年）　印刷：財政部印刷局製　特徴：簡易開孔見本券、様本加刷　特徴：哈爾濱加刷

邊業銀行改造券　様本　サイズ：59 × 105mm　意匠：紋様　額面：壹角　発行国：中華民国（往時張作霖の管理下にあった東三省官銀号・吉林永衡官銀銭号・黒龍江官銀号と同じ経営。後に満洲中央銀行に統合）　年銘：民国18年（1929年）　印刷：財政部印刷局製　特徴：簡易開孔見本券、HARBIN、様本加刷

邊業銀行改造券　サイズ：62×107mm　額面：壹角　発行国：中華民国（往時張作霖の管理下にあった東三省官銀号・吉林永衡官銀錢号・黒龍江官銀号と同じ経営。後に満洲中央銀行に統合）　年銘：民国14年（1925年）　印刷：財政部印刷局製　特徴：京津通用、様本加刷

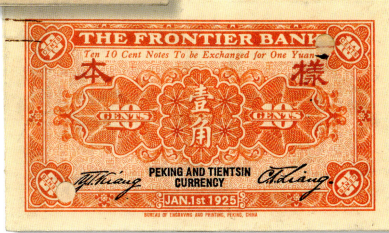

邊業銀行改造券　サイズ：61×107mm　額面：壹角　発行国：中華民国（往時張作霖の管理下にあった東三省官銀号・吉林永衡官銀錢号・黒龍江官銀号と同じ経営。後に満洲中央銀行に統合）　年銘：民国14年（1925年）　印刷：財政部印刷局製　特徴：奉天加刷

邊業銀行　加刷券　サイズ：86 × 163mm　額面：拾圓　発行国：中華民国　年銘：民国 14 年（1925 年）　印刷：永衛印書局製（受託：美国鈔票公司）　特徴：奉天加刷

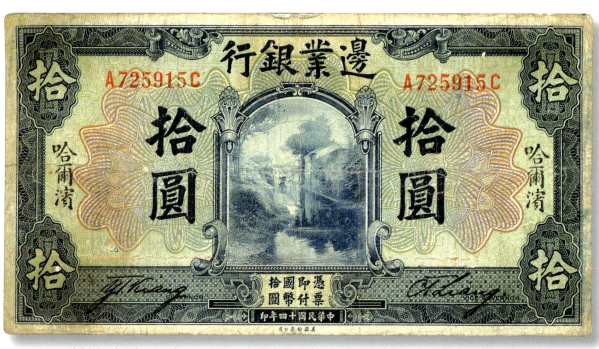

邊業銀行　加刷券　サイズ：86 × 163mm　額面：拾圓　発行国：中華民国　年銘：民国 14 年（1925 年）　印刷：永衛印書局製（受託：美国鈔票公司）　特徴：哈爾濱加刷

邊業銀行　サイズ：86 × 163mm　額面：拾圓　発行国：中華民国　年銘：民国14年（1925年）　印刷：永衛印書局製（受託：美国鈔票公司）　特徴：東三省加刷

邊業銀行改造券　サイズ：75 × 137mm　額面：壹圓　発行国：中華民国（往時張作霖の管理下にあった東三省官銀号・吉林永衡官銀銭号・黒龍江官銀号と同じ経営。後に満洲中央銀行に統合）　年銘：民国14年（1925年）　印刷：永衛印書局製（受託：美国鈔票公司）　特徴：奉天加刷

邊業銀行券　奉天通用　通用券　サイズ：114×66mm　額面：伍角　発行：中華民国　年銘：民国18年（1929年）　特徴：毎拾角兌大洋壹元　製造：邊業銀行　加刷：奉天

滿洲中央銀行開幕告知ポスター

中華民国の貨幣

1　北京政府の貨幣

　辛亥革命を経て、1912年1月、南京に中華民国が成立すると、北京で清朝政府の実権を握っていた袁世凱は、清朝皇帝の溥儀に退位を強要するのと引き換えに、孫文から臨時大総統の地位を譲り受けた。その際、孫文と袁世凱は中華民国の首都をそのまま南京とするとの約束を交わしたが、北京を拠点としていた袁世凱は、その約束をすぐ反故にし、南下を拒み続けた。そして、1913年10月、袁世凱は正式に大総統に就任すると、対立する国民党員を弾圧し、独裁を進めた。この袁世凱から始まる北京を中心とした中華民国の政権を北京政府（北洋政府）という。

　袁世凱は、政権の財政基盤を安定させるため、1914年2月、「国幣条例」を公布し、不統一だった幣制の整理にあたった。条例では純銀7銭2分（約26.7グラム）、品位900（後に品位890に変更）を1元とし、銀元4種（1元、半元〔以上大洋元〕、2角、1角〔以上小洋元〕）、ニッケル元1種（5分）、銅元5種（2分、1分、5厘、2厘、1厘）を設けることが決定された。そして、この規定に基づき、表面に袁世凱の横顔、背面に稲穂を刻んだ銀元（袁像銀幣または袁大頭）を新たに鋳造し、中国国内に流通させた。

　これより前、中華民国財政部は1912年12月、辛亥革命の混乱で生じた国内の金融不安を抑えるため、中央銀行となった中国銀行に対し、兌換機能を持つ中国銀行券の発行を命じた。しかし、この時中国銀行には紙幣発行の独占権がなく、都市や地方では外国銀行や、地方の銀行などがそれぞれ独自に紙幣を発行していた。そのため、中国銀行券は充分に流通せず、金融不安は依然として続いた（1916年には交通交通銀行も中央銀行に指定された）。

2　国民政府の貨幣

　1924年、孫文の後を継いで国民党を率いた蒋介石は、北京政府を打倒して中国を統一するため、北伐を開始した。1927年6月、蒋介石は南京に国民政府を成立させると、当時、上海の金融界で力を伸ばしていた浙江財閥系の中央銀行から資金援助を受けて北伐を続行し、1928年、北京政府を倒した。以後、中央銀行は国民政府の財政を支援することで、その地位を確固たるものとした。

　中国では清末頃から、洋銀をまねて作られた計量貨幣の銀元が流通していたが、一方で、伝統的な秤量貨幣である銀両も依然として利用されていた。しかし、経済情勢にともなう銀相場の変化により銀元と銀両の兌換率は大きく変動し、外国との貿易に支障が出る事態が起きた。そのため、国民政府は1933年3月1日、「廃両改元」の実施を宣言し、4月6日をもって銀両の使用を止め、一切の取引は全て銀元で行うことが定められた。

　その一方、国民政府は1927年から袁大頭に代わる新しい貨幣として、正面に孫文の横顔、裏面に帆船をあしらった品位888の銀元（孫像銀幣または船洋）の鋳造を開始していたが、廃両改元の実施を前に、1933年3月3日、国民政府は「銀本位鋳造条例」を公布し、重さ26.7グラム、品位880の新孫像銀幣を発行した。

　しかし、それから1年後の1934年、アメリカ政府の銀買い上げ法によって、中国が金融恐慌に陥ると、国民政府は1935年11月、幣制改革を実施し、それまでの銀本位制からポンドリンクによる管理通貨制度に移行した。そして、中央銀行、中国銀行、交通銀行に法幣の発行権を与え（翌年、中国農民銀行が加わる）、それ以外の銀行が発行する紙幣は全て回収されることになった。

　1937年7月、日中戦争が始まると、国民政府は増大する軍事費を調達するため、法幣の増刷を決定した。その発行総額は戦争勃発前の1937年6月には14億元だったものが、戦争が終結した1945年8月には5569億元と、8年間におよそ398倍に膨れ上がった。また、発行総額の増加はインフレーションを引き起こし、戦争末期には額面5000元の法幣が発行された。

3　中国共産党の貨幣

　1921年7月、上海で結成された中国共産党（以下、中共）は、1924年1月、コミンテルンの仲介で国民党と提携（第一次国共合作）し、孫文が推し進める国民革命に協力した。しかし、1927年4月、中共と対立していた国民党右派の蒋介石が上海で反共クーデター（四・一二クーデター）を敢行すると、国共合作は崩壊し、中共は華中や華南で武装蜂起を繰り返した。そして、蜂起に失敗した毛沢東ら中共党員は11月、江西省の井崗山に革命根拠地を築き、抵抗を続けた。

　中共が1936年までに設立した9つの根拠地では、それぞれに銀行など信用機関が57カ所設立され、その地域内で利用できる貨幣などが合わせて217種発行された。これら貨幣には額面だけでなく、中共の政策や宣伝文なども書かれていた。

　1937年7月、日中戦争が勃発すると、中共は日本軍に対しゲリラ戦を展開しながら根拠地（辺区）を

拡大した。

中共の抗日運動に悩まされていた日本軍は、1941年3月から「治安強化運動」と称して根拠地を包囲し、中共を経済的に追い詰めようとした。これに対し、中共は各根拠地内で発行された貨幣を使って民衆から物資を買い上げ、日本軍の包囲に耐え抜いた。日中戦争の期間中、根拠地では少なくとも500種以上の貨幣が発行された。

4 対日協力政権の貨幣

⑴ 華北対日協力政権の貨幣

1932年3月、満洲国の樹立に成功した関東軍は、対ソ防衛に向けた資源獲得と満洲の後背地安定のため、1935年秋「華北分離工作」と称して華北進出を本格化し、同年末、親日家として知られた殷汝耕を説得して、河北省通県(通州)に冀東防共自治政府を成立させた。

冀東政府は1936年6月、満洲中央銀行の協力のもと、通県に政府の中央金融機関として冀東銀行を設立し、法幣からの離脱を図った。冀東銀行券はいずれも冀東政府を象徴する図案があしらわれ、100元券には二層の楼門、10元券には政府政庁が置かれた通県文廟(孔子廟)の大成殿、5元券には通県のシンボルだった佑勝教寺の舎利塔(燃灯塔)、1元券には万里の長城、5角券には山海関城門(天下第一関)がそれぞれが描かれていた。また、硬貨は2角、1角、5分の白銅貨と1分、5厘の青銅貨があり、日中戦争勃発前までに鋳造した大蔵省造幣局からおよそ2400万枚が冀東政府側に引き渡された。これら硬貨には舎利塔または冀東政府の旗章と思われる紋章が刻まれていた。

1937年7月、日中戦争が勃発すると、日本軍は部隊を華北に派遣して中国軍を掃蕩し、9月までに北京(北平)と天津一帯を占領下に置いた。そして、日本軍は12月14日、王克敏に指示して北京に中華民国臨時政府を設立し、華北占領地を統治させた(冀東政府は1938年2月1日をもって臨時政府と合流)。

日本軍は戦争に際し、軍需品などを現地調達するため、軍票や朝鮮銀行券を携行した。しかし、圧倒的な法幣支配の中でそれら貨幣の流通は妨げられたため、臨時政府は日本側の協力を得て、1938年3月10日、北京に中国連合準備銀行を創設し、円元等価の連銀券を発行した。

連銀券は同年末までに100元券、10元券、5元券、1元券、5角券、2角券、1角券、5分券、1分券、半分(5厘)券が発行され、印刷は凸版印刷株式会社、臨時政府行政委員会印刷局が行なった。硬貨はやや発行が遅れ、1941年11月になって1角、5分、1分のアルミニウム貨が鋳造された。

その後、インフレーションの進行に対応するため、連合準備銀行は1945年、1000元券、5000元券の発行を決定したが、5000元券については、印刷を終えた段階で終戦となったため、使用されなかった。

⑵ 華中対日協力政権の貨幣

1937年11月9日、上海のほぼ全域を占領した日本軍は長江に沿って進撃し、12月13日、直前まで国民政府の首都だった南京を陥落させた。そして、日本軍は華中の政情を安定させるため、1938年3月28日、南京に梁鴻志を首班とする中華民国維新政府を設立した。日本軍は将来、維新政府と臨時政府を合併させ、国民政府に取って代わる新たな中央政権を樹立する考えであった。

維新政府は華中で絶対的強さを誇る法幣に対抗するため、1939年5月1日、三井銀行や三菱銀行など日系銀行6行の資金協力を得て、上海に華興商業銀行を設立(開業は同月16日)し、10元、5元、1元、2角、1角の華興券を発行した。初回新券の図柄は、10元券は蘇州西園の戒堂寺、5元券は杭州西湖放鶴亭、1元券は南京にある明孝陵、2角券は呉王闔閭の墓がある虎邱の塼塔、1角券はジャンク船が採用された。

華興券は当初法幣とリンクしていたが、7月、法幣相場の下落を受けて法幣リンクから離脱した。しかし、実力のない華興券はたちまち見放され、市中流通量は激減した。また、硬貨については大蔵省造幣局の援助を受けて、上海で1分真鍮貨と20分、10分、5分白銅貨を鋳造していたところ、1940年、政治情勢の変化で発行中止となった。

1938年12月、日本側の和平呼びかけに応じて国民政府を離脱した汪兆銘は、1940年3月30日、臨時政府(華北政務委員会に改称)と維新政府を統合して、南京に中華民国国民政府(汪兆銘政権)を樹立した。

もともと、汪兆銘は日本の「傀儡」になることを嫌い、日本軍占領地以外の場所に政権を建てるつもりだったが、協力者を得ることができず、さらに、最初日本が汪側に政権設立の条件として提示していた日本軍の中国からの完全撤退も、汪の離脱後反故にされ、汪は日本に失望する中、政権を樹立した。

汪兆銘政権は成立後すぐ、「中央銀行籌備委員会」を設置し、中央銀行の設立に着手し、12月19日に「中央儲備銀行法」、20日に「整理貨幣暫行弁法」、「外匯基金管理章程」など一連の法令を整備した。そして、1941年1月6日、南京に中央儲備銀行を開業し、儲備券の発行を開始した。はじめ、儲備券には10元、5元、1元の兌換券と5分、1分、5角、1角の輔幣券があり、後に10万元券、1万元券、5000元券、1000元券、500元券、200元券、100元券、2角券が発行された。いずれの紙幣にも図柄に孫文と孫文を祀った中山陵を採用し、汪兆銘政権が孫文の後を継いだ「正統政権」であることを示した。

中華民国の貨幣ほか一覧

冀東銀行　様本　サイズ：93×178mm　意匠：二層楼門　額面：壹伯圓　発行国：冀東政府　年銘：民国26年（1937年）　印刷：旧印刷局製　特徴：SPECMEN加刷

冀東銀行券　冀東銀行　サイズ：75×146mm　意匠：大成殿　額面：拾圓　発行国：冀東政府
年銘：民国26年（1937年）　印刷：旧印刷局製　特徴：記番号1番　SPECMEN 加刷

冀東銀行券　様本　サイズ：73×140mm　意匠：佑勝教寺と舎利塔　額面：伍圓　発行国：冀東
政府　年銘：民国26年（1937年）　印刷：旧印刷局製　特徴：記番号1番　SPECMEN 加刷

冀東銀行券　サイズ：75 × 146mm　意匠：大成殿　額面：拾圓　発行国：冀東政府　年銘：民国26年（1937年）　印刷：旧印刷局製　特徴：記番号18加刷

冀東銀行券　サイズ：73×140mm　意匠：佑勝教寺と舎利塔　額面：伍圓　発行国：冀東政府　年銘：民国26年（1937年）　印刷：旧印刷局製　特徴：記番号1番

冀東銀行券　サイズ：69×133mm　意匠：万里長城　額面：壹圓　発行国：冀東政府　年銘：民国26年（1937年）　印刷：旧印刷局製

冀東銀行券　サイズ：66×123mm
意匠：山海関城門　額面：伍角　発行国：冀東政府　年銘：民国26年（1937年）　印刷：旧印刷局製　特徴：記番号1番

冀東銀行券　サイズ：66×123mm　意匠：山海関城門　額面：伍角　発行国：冀東政府
年銘：民国26年（1937年）　印刷：旧印刷局製　特徴：記番号1番

冀東政府　貳角白銅貨、民国 26 年銘　直径：24.00mm　重量：6.60g　品位：白銅　額面：貳角　意匠：高粱花葉交差図　発行国：冀東銀行　年銘：民国 26 年（1937 年）　製造：満洲帝国奉天造幣廠製

冀東政府　壹角白銅貨、民国 26 年銘　直径：20.00mm　重量：4.80g　品位：白銅　額面：壹角　意匠：高粱花葉交差図　発行国：冀東銀行　年銘：民国 26 年（1937 年）　製造：満洲帝国奉天造幣廠製

冀東政府　伍分白銅貨、民国 26 年銘　直径：17.00mm　重量：3.40g　品位：白銅　額面：伍分　意匠：高粱花葉交差図　発行国：冀東銀行　年銘：民国 26 年（1937 年）　製造：満洲帝国奉天造幣廠製

冀東政府　壹分青銅貨、民国 26 年銘　直径：21.00mm　重量：5.60g　品位：銅　額面：壹分　意匠：高粱花葉交差図　発行国：冀東銀行　年銘：民国 26 年（1937 年）　製造：満洲帝国奉天造幣廠製

冀東政府　伍釐青銅貨、民国 26 年銘　直径：19.00mm　重量：3.95g　品位：銅　額面：伍釐　意匠：高粱花葉交差図　発行国：冀東銀行　年銘：民国 26 年（1937 年）　製造：満洲帝国奉天造幣廠製

中国聯合準備銀行　壹分試作銀貨　直径16.00mm　重量2.5g　品位：銀　額面：壹分　意匠：天檀　発行国：中華民国　年銘：民国30年（1941年）　製造：石福商店　楊樹浦工場製（現・石福貴金属）　刻印は大阪造幣局製（大珍）

中国聯合準備銀行　伍分試作銀貨　直径19.00mm　重量4.00g　品位：銀　額面：伍分　意匠：天檀　発行国：中華民国　年銘：民国30年（1941年）　製造：石福商店　楊樹浦工場製（現・石福貴金属）　刻印は大阪造幣局製（大珍）

右上伍分試作銀貨を拡大表示（大珍）

中国聯合準備銀行　壹角アルミニウム貨　直径22.00mm　重量1.50g　品位：アルミニウム　額面：壹角　意匠：天檀　発行国：中華民国　年銘：民国31年（1942年）　製造：石福商店　楊樹浦工場製（現・石福貴金属）刻印は大阪造幣局製

中国聯合準備銀行　壹角アルミニウム貨　特年号　直径22.00mm　重量1.50g　品位：アルミニウム　額面：壹分　意匠：天檀　発行国：中華民国　年銘：民国32年（1943年）　製造：石福商店　楊樹浦工場製（現・石福貴金属）刻印は大阪造幣局製（珍）

中国聯合準備銀行　伍分アルミニウム貨　直径19.00mm　重量1.20g　品位：アルミニウム　額面：伍分　意匠：天檀　発行国：中華民国　年銘：民国30年（1941年）　製造：石福商店　楊樹浦工場製（現・石福貴金属）刻印は大阪造幣局製　発行期間：民国30年・31年・32年。32年は（珍）

中国聯合準備銀行　壹分アルミニウム貨　直径16.00mm　重量0.68g　品位：アルミニウム　額面：壹分　意匠：天檀　発行国：中華民国　年銘：民国30年（1941年）　製造：石福商店　楊樹浦工場製（現・石福貴金属）刻印は大阪造幣局製

奉天興業總銀行券　民国2年銘　拾圓　サイズ：98×159mm　額面：拾圓　年銘：民国2年（1913年）発行：中華民国

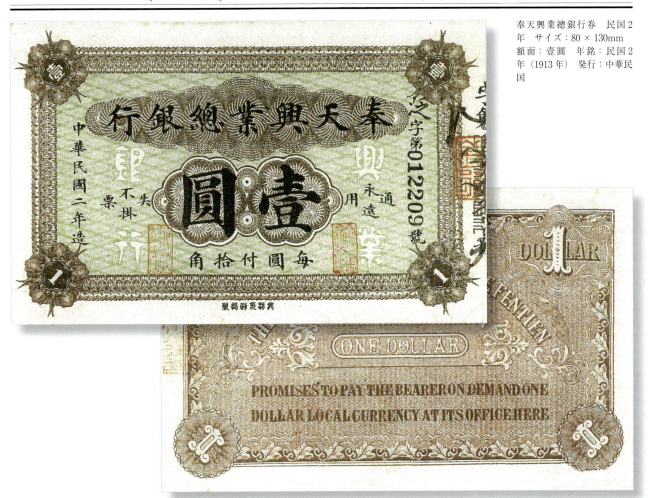

奉天興業總銀行券　民国2年　サイズ：80×130mm
額面：壹圓　年銘：民国2年（1913年）　発行：中華民国

奉天興業銀行券　民国11年銘　サイズ：77×125mm
額面：拾圓　年銘：民国11年（1922年）　発行：中華民国　製造：美国鈔票公司

陳錦濤のサイン入り紙幣（上：拾圓　下：伍圓）

華興券に書かれたサインについて

　本書に掲載されている華興券のうち、10元券と5元券の一部に墨書きで「陳錦濤」とサインされたものがある。

　陳錦濤（字は瀾生）は、1871年6月20日、広東省南海県に生まれ、1890年、香港の皇仁書院を卒業後、天津北洋大学（現在の天津大学）教官などを経て、1901年、アメリカのコロンビア大学に留学し、数学と社会学を学んだ。さらに、1902年に同大学を卒業すると、イェール大学に入学し、政治経済を専攻した。

　1906年、イェール大学から博士号を得た陳は、帰国後、戸部銀行監理官、度支部預算案司長、統計局局長、印鋳局副局長、幣制改良委員会会長、大清銀行特別監督署理など、金融や政府財政に関わる要職を歴任し、1911年6月には、ロンドンで開かれたイギリス、アメリカ、ドイツ、フランスの4銀行団との幣制借款会議に中国側首席代表として参加した。そして、1912年1月に中華民国が成立すると、陳は南京臨時政府の財政総長に就任し、袁世凱政権では、審計処総弁や総統府顧問を務めた。また、1913年には国民党に入党し、国民党本部参議に任じられた。

　1916年6月、袁世凱の死去を受けて、段祺瑞が内閣を組織すると、陳は再び財政総長となったが、1917年4月、収賄容疑で投獄され、10月に開かれた裁判で懲役3年および公職追放の判決を受けた。しかし、1918年5月、証拠不十分として特赦され、その後、広東軍政府財政部長、臨時執政府財政総長、関税特別会議全権代表、清華大学経済学教授、幣制研究委員会委員長などを歴任した。

　1937年7月、日中戦争が起きると、陳は同じ広東省出身で元北洋政府外交部長だった温宗堯に乞われて維新政府に参加し、財政部長を務めた。しかし、間もなく病となり療養生活に入った。そして、1939年5月1日に華興商業銀行が創設されると、陳は総裁に任命されたが、職に就くことなく、6月12日、上海の自宅で死去した（陳の後任は維新政府行政院長の梁鴻志が兼務）。

　華興券にサインされた名前と、陳が維新政府成立一周年を記念してしたためた書にある名前を比べると、筆跡がほぼ同じであることから、華興券のサインは陳の自筆であることがわかる。陳がなぜ華興券に自分の名前をサインしたのかは不明だが、このサインは陳と華興商業銀行との関わりが垣間見える貴重な歴史史料といえよう。

陳錦濤

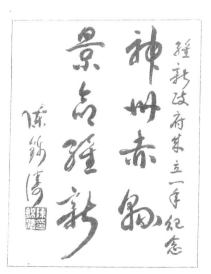

維新新政府成立一周年を記念して陳錦濤が揮毫した書

出典：行政院宣伝局編『維新政府之現況　成立一周年記念』、行政院宣伝局 1939 年。

華興商業銀行　様本　サイズ：85×171mm　意匠：大成殿　額面：拾圓　発行国：民国臨時政府　年銘：民国27年（1938年）　印刷：凸版印刷、帝国大蔵省印刷局、様本

華興商業銀行　様本　サイズ：77 × 157mm　意匠：孔子像　額面：拾圓　発行国：民国臨時政府　年銘：民国28年（1939年）　印刷：凸版印刷、帝国大蔵省印刷局、SPECIMEN 加刷

華興商業銀行　様本　サイズ：77×157mm　意匠：孔子像　額面：拾圓　発行国：民国臨時政府　年銘：民国28年（1939年）　印刷：凸版印刷、帝国大蔵省印刷局、SPECIMEN加刷

華興商業銀行　様本　サイズ：78×160mm　額面：伍圓　発行国：民国臨時政府　年銘：民国27年（1938年）　印刷：凸版印刷、帝国大蔵省印刷局、様本加刷

華興商業銀行　様本　サイズ：78×160mm　額面：伍圓　発行国：民国臨時政府　年銘：民国27年（1938年）　印刷：凸版印刷、帝国大蔵省印刷局、様本加刷

華興商業銀行券　様本　伍圓　サイズ：78×160mm　意匠：岳飛像　額面：伍圓　発行国：民国臨時政府　年銘：民国27年（1938年）　印刷：凸版印刷、帝国大蔵省印刷局、様本 SPECIMEN 加刷

華興商業銀行券　様本　壹圓　サイズ：71×136mm　額面：壹圓　発行国：民国臨時政府　年銘：民国27年（1938年）　印刷：凸版印刷、帝国大蔵省印刷局、様本加刷

華興商業銀行券　様本　壹圓　サイズ：71 × 138mm　額面：壹圓　発行国：民国臨時政府　年銘：民国 27 年（1938 年）　印刷：凸版印刷、帝国大蔵省印刷局〈未見品〉

華興商業銀行券　様本　サイズ：61 × 116mm　意匠：遼陽の白塔　額面：貳角　発行国：民国臨時政府　年銘：民国 28 年（1939 年）　印刷：凸版印刷、帝国大蔵省印刷局、SPECIMEN 加刷

華興商業銀行券　様本　サイズ：54 × 103mm　意匠：ジャンク　額面：壹角　発行国：民国臨時政府　年銘：民国28年（1939年）印刷：凸版印刷、帝国大蔵省印刷局、SPECIMEN 加刷

華興商業銀行券　サイズ：54 × 103mm　意匠：ジャンク　額面：壹角　発行国：民国臨時政府　年銘：民国28年（1939年）　印刷：凸版印刷、帝国大蔵省印刷局

華興商業銀行　廿分白銅貨　直径 21.00mm　重量 4.10g　品位：白銅　額面：廿分　発行国：中華民国　年銘：民国 29 年（1940 年）　製造：石福商店　楊樹浦工場製（現・石福貴金属）（原型は大坂造幣局製造）

華興商業銀行　拾分白銅貨　直径 19.00mm　重量 3.0g　品位：白銅　額面：拾分　意匠：不詳　発行国：中華民国　年銘：民国 29 年（1940 年）　製造：石福商店　楊樹浦工場製（現・石福貴金属）（原型は大坂造幣局製造）

華興商業銀行　伍分白銅貨　直径 16.00mm　重量 2.00g　品位：白銅　額面：伍分　発行国：中華民国　年銘：民国 29 年（1940 年）　製造：石福商店　楊樹浦工場製（現・石福貴金属）（原型は大坂造幣局製）

華興商業銀行　壹分青銅貨　直径 17.00mm　重量 1.8g　品位：青銅　額面：壹分　意匠：不詳　発行国：中華民国　年銘：民国 29 年（1940 年）　製造：石福商店　楊樹浦工場製（現・石福貴金属）（原型は大坂造幣局製）

華興商業銀行　壹分白銅貨　直径 17.00mm　重量 2.80g　品位：白銅　額面：壹分　発行国：中華民国　年銘：民国 29 年（1940 年）　製造：石福商店　楊樹浦工場製（現・石福貴金属）（原型は大坂造幣局製）

蒙疆銀行の貨幣

1　関東軍のチャハル省侵攻と察南銀行の設立

　1937年7月7日、盧溝橋事件が発生すると、参謀本部は8月9日、内蒙古方面を確保するため、チャハル作戦の実施を決定し、関東軍と支那駐屯軍に作戦命令を下達した。これを受けて、関東軍はただちに、3個旅団からなるチャハル派遣兵団（東條兵団。蒙疆兵団ともいう）を編成し、チャハル省に進出させた。19日、張北に到着した東條兵団は混成第二旅団（本多兵団）と野砲兵第四連隊を掌握して、長城線に対する攻撃を準備した。

　20日、張北に関東軍戦闘司令所が開設されると、本多兵団は同日、蒙古軍と蒙古保安隊の協力を得て張家口作戦を発動し、27日、張家口を占領した。そして、関東軍は張家口を含むチャハル省南部（察南）を支配するため、9月4日、察南自治政府を設立した。当時、張家口は戦火によって金融不安に陥っていたため、満洲中央銀行は8日、弁事処を設置して事態の収拾にあたったが、成果が充分に上がらなかったことから、急遽新銀行を設立し通貨制度を整えた。

　察南自治政府は「銀行銭局管理弁法」、「紙幣類似証券取締令」、「察南銀行組織弁法」など関係諸法令を整備し、9月、察南銀行を開設した。察南銀行は発行する貨幣を日本円と満洲国幣にリンクさせ、紙幣が刷り上がるまでは満洲中央銀行が開業直後に使用した現大洋票の改造券に「察南銀行」と加印して用いることにした。同券は10月1日から発行され、同時に旧幣の回収も行なわれた。

2　蒙疆政権の成立と蒙疆銀行の開設

　張家口を落とした東條兵団は、参謀本部の許可を得ることなく、独断で平綏線（北平［現在の北京］—綏遠省帰綏〔現在の内蒙古自治区フフホト〕）に沿って山西省北部（晋北）に進み、9月13日、大同を攻略すると、10月15日、晋北自治政府を設立し、晋北13県を支配下に置いた（兵団長の東條英機関東軍参謀長は9月22日に、兵団の作戦指導を笠原幸雄参謀副長に託して、関東軍司令部に復帰）。

　さらに、東條兵団は大同から綏遠省に向けて兵を進め、10月14日に帰綏、17日にパオトウをそれぞれ占領した。そして、28日、関東軍の支援を受けて内蒙古で独立運動を展開していた徳王（ドムチョクドンロプ）によって、フフホト（帰綏を改称）に蒙古連盟自治政府が設立された。

　その後、察南、晋北、蒙古の三自治政府は産業や金融などの重要事項に関し、相互に連携するため、11月に蒙疆連合委員会を設けた。しかし、政権の統合を求める日本側の意向を受けて、1939年9月1日、三自治政府は統合し、新たに蒙古連合自治政府（以下、蒙疆政権）が設立された。

　晋北と綏遠は察南と同じく、戦火によって金融不安を起こしていたため、蒙疆連合委員会は1937年11月22日、綏遠省の豊業銀行と綏遠平市官銭局、察南銀行を合併して、新たに蒙疆銀行を開設した。

　「蒙疆銀行定款」によると、蒙疆銀行が発行する貨幣は、紙幣が100元、10元、5元、1元、硬貨が5角、1角、5分、1分、5厘の計9種で、満洲国幣とリンクし、円元等価によって、間接的に日本円ともリンクした。初回発行紙幣の図柄は、100元券にはラクダと庭園の小亭、10元券と1元券には放羊の風景、5元券には万里の長城と遼代に建築された白塔など、蒙古民族と漢民族を象徴するモチーフが採用された。蒙疆銀行はそれら紙幣の印刷を日本の凸版印刷株式会社に発注したが、開業日までに間に合わなかったため、やむを得ず、紙幣が到着するまで現行の察南銀行券を使用した。

　硬貨についても開業日までに発行が間に合わなかったため、満洲中央銀行発行の硬貨で代用したが、1938年8月16日、5種類あった硬貨のうち、5角白銅貨のみ発行に踏み切り、満洲中央銀行造幣廠が鋳貨を請け負った。5角硬貨には表面に発行年を表す「成吉思汗紀元七三三年」を意味する蒙古文字と、古代中国の銅器文様があしらわれ、裏面には花形模様に、「蒙疆銀行」と、発行年の「民国二十七年」の文字が刻まれた。

　その後も蒙疆銀行は硬貨発行を試みたが、1940年頃になると、硬貨の素材である金属の価格が高騰したため、蒙疆銀行は硬貨のうち、5角、1角、5分を新たに小額紙幣として発行することを決めた。

　1941年、アルミニウムを入手した蒙疆政権は、それをもとに大蔵省造幣局に1角、5分、1分のアルミニウム貨の製造を依頼した。間もなく、太平洋戦争の開戦によって、一旦製造は中止されたが、1942年から再開され、1944年までに1角貨5450万枚、5分貨1000万枚、1分貨1500万枚が製造された。これら硬貨には、いずれも表面に鳳凰図、裏面に羊頭図が刻まれていた。しかし、戦争による輸送状況の悪化により、このアルミニウム貨が蒙疆政権側に引き渡されたのかは不明で、1944年5月30日に蒙疆政権が公布した「貨幣法」では、蒙疆銀行の硬貨が新たに発行されるまでは、日本の1銭補助貨を代用発行できると定め硬貨不足を補った。

蒙疆銀行の貨幣ほか一覧

蒙疆銀行券　様本　サイズ：84×164mm　額面：百圓　発行国：蒙疆自治政府　年銘：民国27年（1938年）　印刷：凸版印刷株式会社　東京　銘版入り

蒙疆銀行券　様本　サイズ：84×164mm　意匠：紋様　額面：百圓　発行国：蒙疆自治政府　年銘：民国27年（1938年）　印刷：凸版印刷株式会社　東京

蒙疆銀行券　様本　サイズ：77 × 158mm　額面：拾圓　発行国：蒙疆自治政府　年銘：民国27年（1938年）　印刷：凸版印刷株式会社

蒙疆銀行券　様本　サイズ：77 × 158mm　額面：拾圓　発行国：蒙疆自治政府　年銘：民国27年（1938年）　印刷：凸版印刷株式会社

蒙疆銀行券　様本　サイズ:79×160mm　額面:拾圓　発行国:蒙疆自治政府　年銘:民国27年（1938年）　印刷:凸版印刷株式会社東京　銘版入り

蒙疆銀行券　様本　サイズ:79×160mm　意匠:紋様　額面:拾圓　発行国:蒙疆自治政府　年銘:民国27年（1938年）　印刷:凸版印刷株式会社東京

蒙疆銀行券　様本　サイズ：74×152mm　意匠：遼陽の白塔　額面：五圓　発行国：蒙疆自治政府　年銘：民国27年（1938年）　印刷：凸版印刷株式会社東京　銘版入り

蒙疆銀行　様本　サイズ：74×152mm　額面：五圓　発行国：蒙疆自治政府　年銘：民国27年券（1938年）　印刷：凸版印刷株式会社東京

蒙疆銀行　不発行券 見本　サイズ：148 × 78mm　意匠：草原と放牧民　額面：百圓　発行国：蒙疆自治政府　年銘：民国28年（1939年）　印刷：凸版印刷株式会社

蒙疆銀行　不発行券　サイズ：148 × 78mm　意匠：草原と放牧民　額面：百圓　発行国：蒙疆自治政府　年銘：民国28年（1939年）　印刷：凸版印刷株式会社

蒙疆銀行　不発行券　サイズ：159 × 78mm　意匠：草原と放牧民　額面：拾圓　発行国：蒙疆自治政府　年銘：民国 28 年（1939 年）　印刷：凸版印刷株式会社

蒙疆銀行券　様本　新五圓　サイズ：74×133mm　意匠：成吉思汗廟　額面：新五圓
発行国：蒙疆自治政府

蒙疆銀行券　様本　新五圓　サイズ：74×133mm　意匠：成吉思汗廟　額面：新五圓
発行国：蒙疆自治政府

蒙疆銀行券　様本　サイズ：67×149mm　額面：壹圓　発行国：蒙疆自治政府　年銘：民国27年（1938年）　印刷：凸版印刷株式会社東京　銘版入り

蒙疆銀行券　様本　サイズ：67×149mm　意匠：紋様　額面：壹圓　発行国：蒙疆自治政府　年銘：民国27年（1938年）
印刷：凸版印刷株式会社東京

蒙疆銀行券　様本　サイズ：63 × 108mm
額面：五角　発行国：蒙疆自治政府　年銘：民国27年（1938年）　印刷：凸版印刷株式会社東京

蒙疆銀行券　様本　サイズ：63 × 108mm
意匠：紋様　額面：五角　発行国：蒙疆自治政府　年銘：民国27年（1938年）　印刷：凸版印刷株式会社東京

蒙疆銀行券　様本　サイズ：61 × 105mm　額面：壹角　発行国：蒙疆自治政府　年銘：民国27年（1938年）　印刷：凸版印刷株式会社東京

蒙疆銀行券　様本　サイズ：61 × 105mm　意匠：紋様　額面：壹角　発行国：蒙疆自治政府　年銘：民国27年（1938年）　印刷：凸版印刷株式会社東京

蒙疆銀行券　様本　サイズ：56 × 102mm
額面：五分　発行国：蒙疆自治政府　年銘：民国27年（1938年）　印刷：凸版印刷株式会社

蒙疆銀行券　様本　サイズ：56 × 102mm
意匠：紋様　額面：五分　発行国：蒙疆自治政府　年銘：民国27年（1938年）　印刷：凸版印刷株式会社

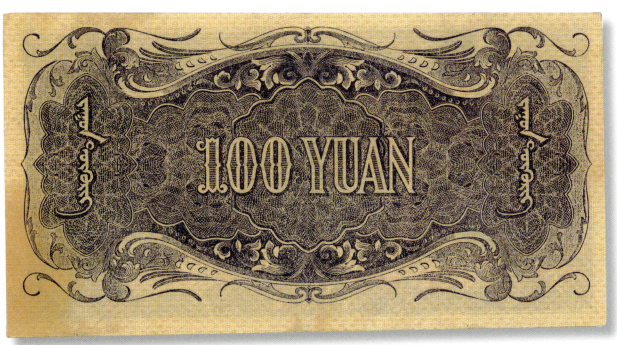

蒙疆銀行券　サイズ：85×163mm　額面：百圓　発行国：蒙疆自治政府　年銘：民国27年（1938年）　印刷：凸版印刷株式会社

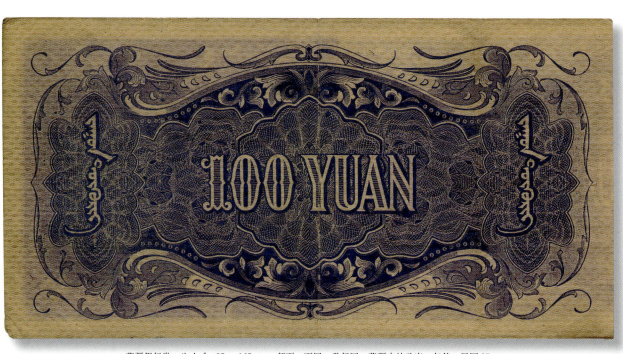

蒙疆銀行券　サイズ：85×165mm　額面：百圓　発行国：蒙疆自治政府　年銘：民国27年（1938年）　印刷：凸版印刷株式会社

蒙疆銀行券　サイズ：83×164mm　額面：百圓　発行国：蒙疆自治政府　年銘：民国27年（1938年）　印刷：凸版印刷株式会社

蒙疆銀行券　サイズ：77×160mm　額面：拾圓　発行国：蒙疆自治政府　年銘：民国27年（1938年）　印刷：凸版印刷株式会社　特徴：記号・番号入り

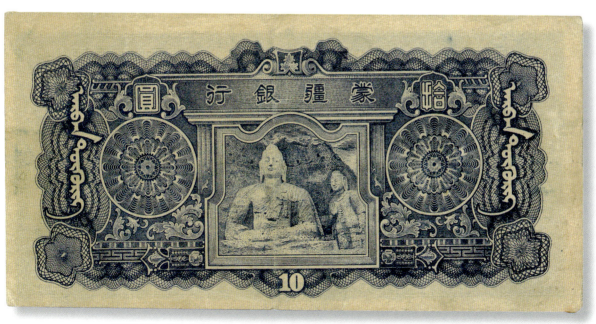

蒙疆銀行券　サイズ：77×160mm　額面：拾圓　発行国：蒙疆自治政府　年銘：民国27年（1938年）　印刷：凸版印刷株式会社　特徴：記号入り

蒙疆銀行券　サイズ：74×155mm　意匠：遼陽の白塔　額面：五圓　発行国：蒙疆自治政府　年銘：民国27年（1938年）　印刷：凸版印刷株式会社

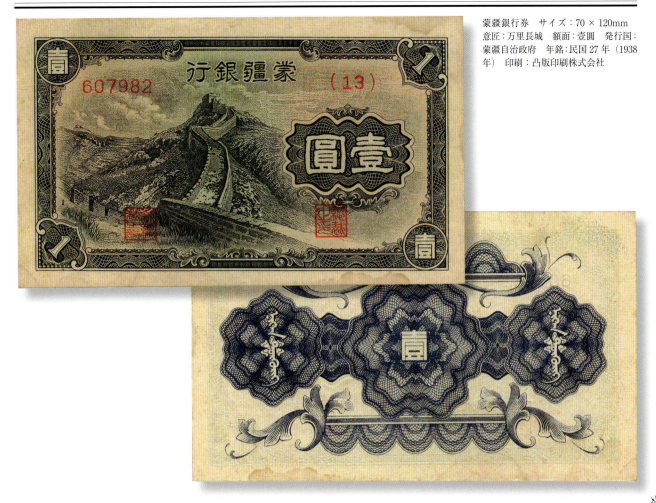

蒙疆銀行券　サイズ：70 × 120mm　意匠：万里長城　額面：壹圓　発行国：蒙疆自治政府　年銘：民国27年（1938年）　印刷：凸版印刷株式会社

蒙疆銀行券　サイズ：67 × 148mm　額面：壹圓　発行国：蒙疆自治政府　年銘：民国27年（1938年）　印刷：凸版印刷株式会社東京　銘版入り　通用券に銘版入りは（珍）

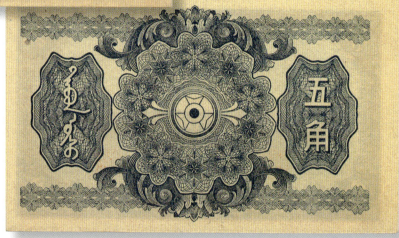

蒙疆銀行券　サイズ：64×108mm　額面：五角　発行国：蒙疆自治政府　年銘：民国27年（1938年）
印刷：凸版印刷株式会社

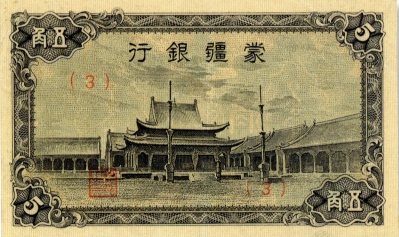

蒙疆銀行券　サイズ：64×108mm　額面：五角
発行国：蒙疆自治政府　年銘：民国27年（1938年）
印刷：凸版印刷株式会社

蒙疆銀行券　サイズ：61 × 105mm　額面：壹角
発行国：蒙疆自治政府　年銘：民国 27 年（1938 年）
　印刷：凸版印刷株式会社

蒙疆銀行券　サイズ：59 × 104mm　額面：五分
発行国：蒙疆自治政府　年銘：民国 27 年（1938 年）
　印刷：凸版印刷株式会社

蒙疆銀行　五角試鋳銀貨　銀直径25.00mm　重量7.50g
品位：銀　額面：五角　発行国：蒙疆自治政府　年銘：民国27年（1938）昭和13年8月16日　製造：満洲中央銀行奉天造幣廠（珍）

蒙疆銀行　五角白銅貨　直径25.00mm　重量5.50g　品位：白銅　額面：五角　発行国：蒙疆自治政府　年銘：民国27年（1938）昭和13年8月16日　製造：満洲中央銀行奉天造幣廠　成吉思汗紀元、表面上部に蒙古文字で表示

蒙疆銀行　一角アルミニウム貨　直径21.00mm　重量1.0g
品位：アルミニウム　額面：一角　発行国：蒙疆自治政府
年銘：民国32年（1943）成吉思汗紀元七三八年（昭和18年）
製造：大阪造幣局製造

蒙疆銀行　五分アルミニウム貨　直径18.00mm　重量0.8g
品位：アルミニウム　額面：五分　発行国：蒙疆自治政府
年銘：民国32年（1943）成吉思汗紀元七三八年（昭和18年）
製造：大阪造幣局製造

蒙疆銀行　一分アルミニウム貨　直径15mm　重量0.55g　品位：アルミニウム　額面：一分　発行国：蒙疆自治政府　年銘：民国32年（1943）　製造：大阪造幣局製造　成吉思汗紀元七三八年（昭和18年）

巻末資料

著者の収集・日中貨幣文化交流活動の足跡など
満洲中央銀行、小切手
日本銀行在外代理店、満洲中央銀行小切手
中國銀行、小切手
満洲中央銀行、様本帳
満洲中央銀行、台帳元票
満洲帝國郵政、建国10年記念初日カバー
満洲帝國郵政、為替切手、工賃預票
満洲企業、有価証券類
満洲國、同記商場株式会社商品券
中華民国税務部、山林売却売買証書、登記書類、印紙一式
著者所有の珍銭・珍貨の紹介
旧満洲国の貨幣法
旧満洲国の中央銀行法
貨幣法
舊貨幣の整理
旧満洲貨幣対各種貨幣の兌換率一覧表
年号対照表
関係年表

鈴木一史氏(右)と著者

千家駒氏　太田保氏　著者

呉等中先生(中央)と著者

馬定祥先生(左)と著者

徐秉琨先生(右)と著者(左)遼寧省博物館にて

親睦会で挨拶する徐秉琨先生
(日本橿原考古学研究所の招待で訪日した際、赤坂プリンスホテルにて)

徐乗琨先生（左）と戴志強先生（中央）と著者（右端）

董德義先生（左）と著者

徐乗琨先生（右）と著者（遼寧省博物館にて）

馬飛海先生と著者

中国銭幣学会と日本貨幣協会の親睦会（屋形船：お台場にて）

親睦会で挨拶する著者

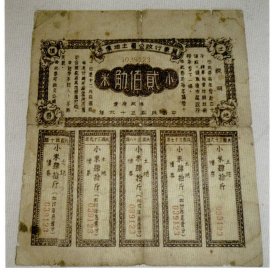
冀東行政公署土地償券

張学良（右）と女性（旧辺業銀行、現博物館の蝋人形）

旧辺業銀行外観（現博物館）

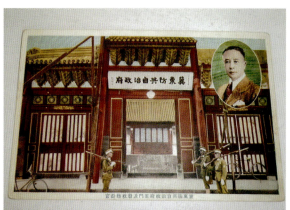
冀東防共自治政府正門

旧辺業銀行ロビー風景（現博物館にて再現）

冀東銀行委任状

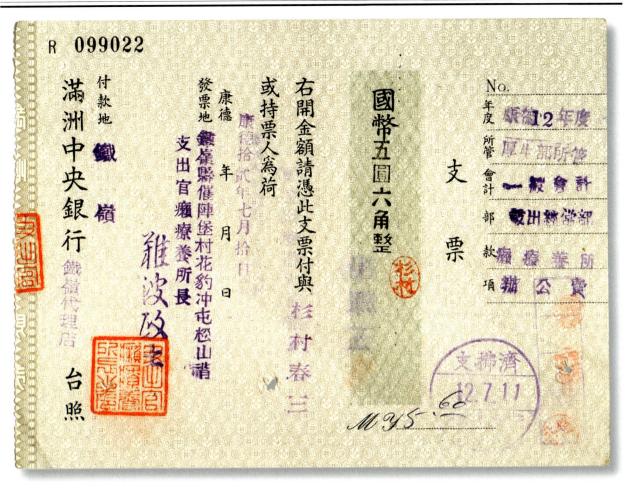

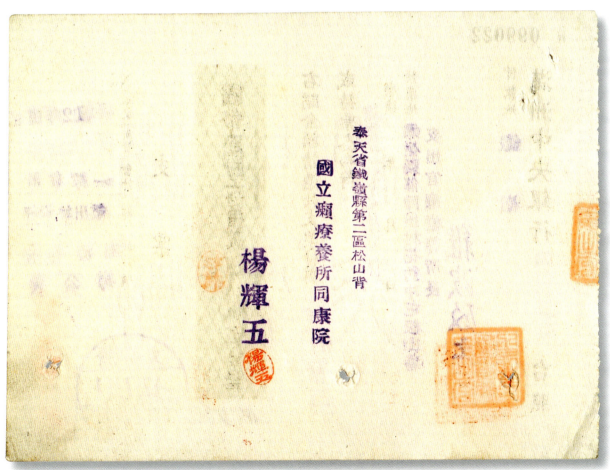

満洲中央銀行　両替支票　サイズ：120×165mm　発行国：満洲国　年銘：康徳12年（1945年）
印刷：満洲中央銀行齋齋哈爾分行印刷

日本銀行、在外地奉天代理店小切手　サイズ：122×152mm　発行国：日本国　年銘：昭和20年（1945年）
印刷：内閣印刷局製造

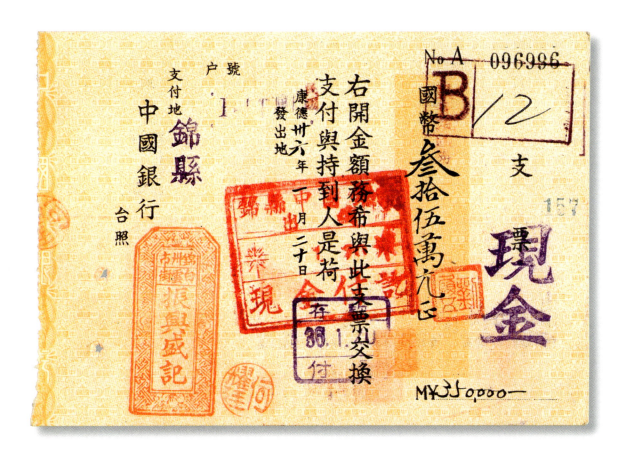

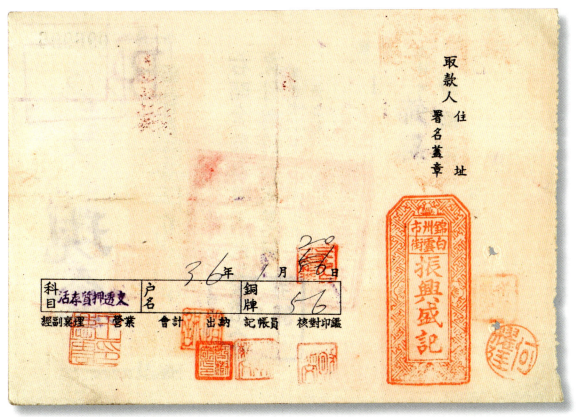

中国銀行　両替支票　サイズ：105×155mm　発行国：中華民国　年銘：錦縣12　康徳36年

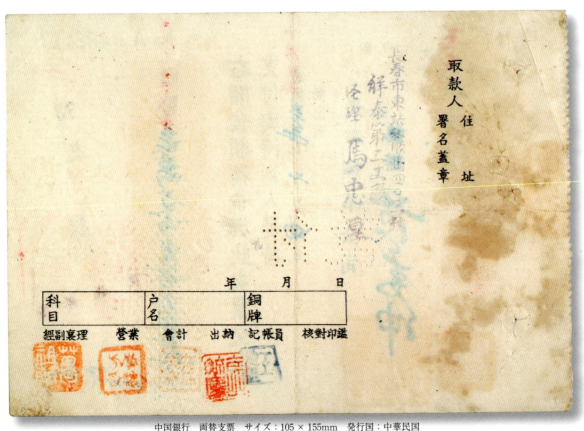

中国銀行　両替支票　サイズ：105×155mm　発行国：中華民国

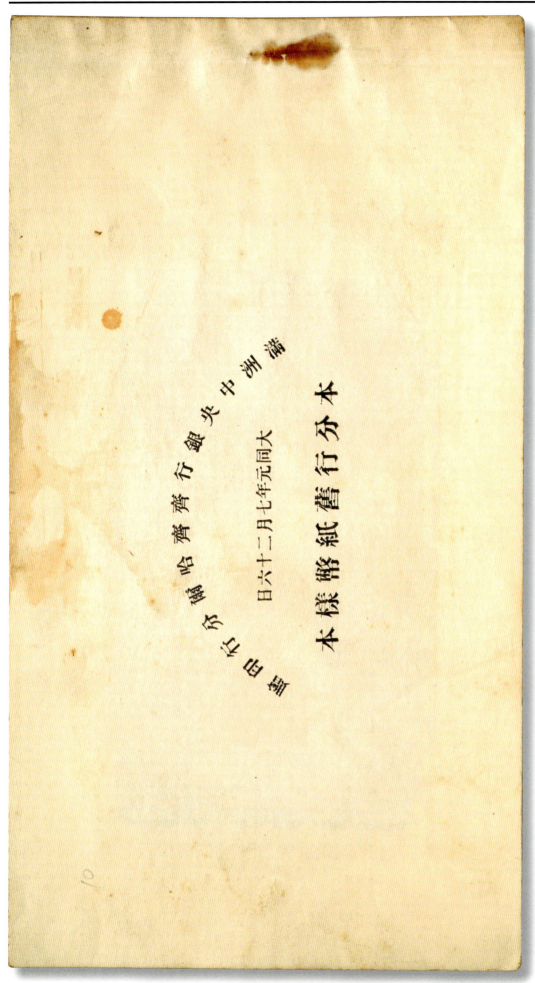

満洲中央銀行 舊紙幣様本 サイズ：149×265mm 発行国：満洲国 年銘：大同元年(1932年) 印刷：満洲中央銀行齋齋哈爾分行印刷（90％に縮小表示）

満洲中央銀行　両替通知原票　サイズ：182×260mm　発行国：満洲国　年銘：大同2年（1933年）　印刷：満洲中央銀行齋齋哈爾分行印刷（58％に縮小表示）

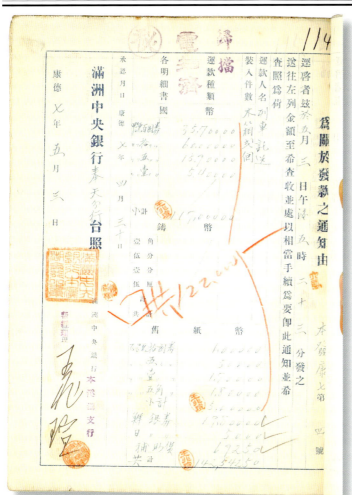
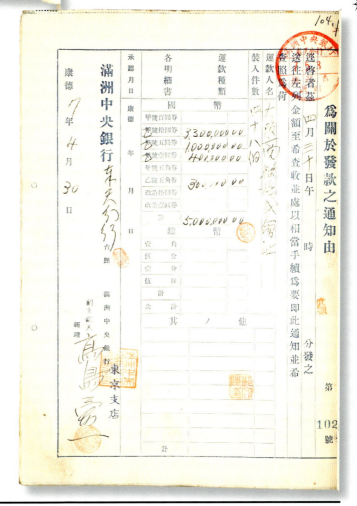

滿洲中央銀行国幣両替台帳原本　サイズ：194×260mm　発行国：滿洲国　年銘：康徳7年（1940年）　記録：滿洲中央銀行（43％に縮小表示）

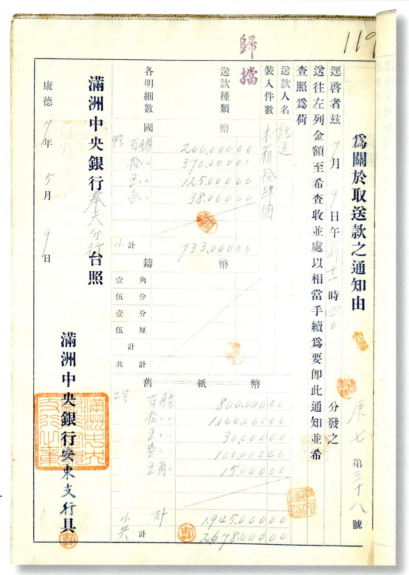

満洲中央銀行国幣両替台帳原本　サイズ：194 × 260mm　発行国：満洲国　年銘：康徳7年（1940年）記録：満洲中央銀（50%に縮小表示）

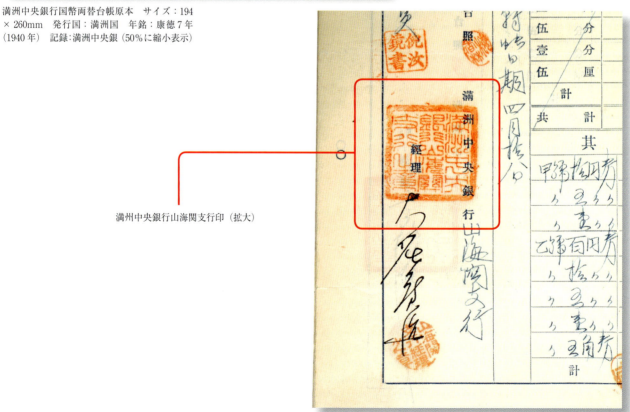

満州中央銀行山海関支行印（拡大）

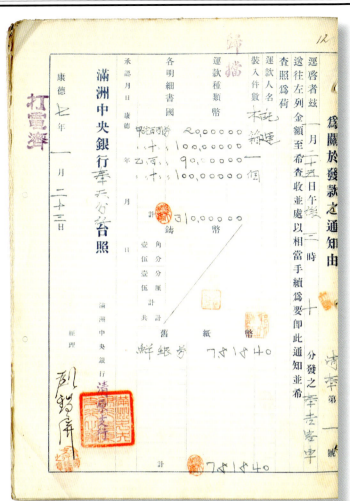

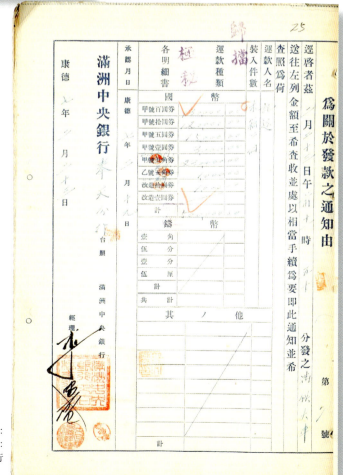

満洲中央銀行　両替通知原票　サイズ：194×260mm　発行国：満洲国　年銘：康徳7年（1940年）　印刷：満洲中央銀行齋齋哈爾分行印刷（43％に縮小表示）

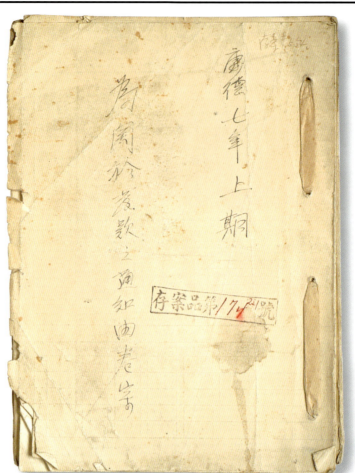

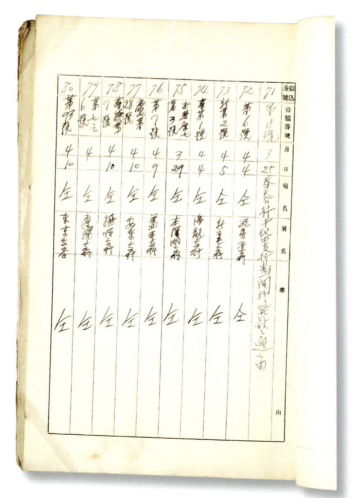

満洲中央銀行　為替記録綴り原票　サイズ：194 × 260mm　発行国：満洲国　年銘：康徳7年（1940年）　記録：満洲中央銀行

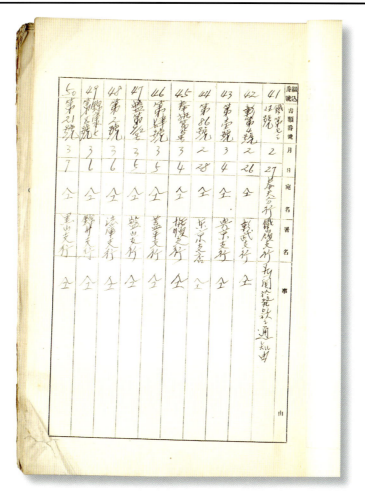

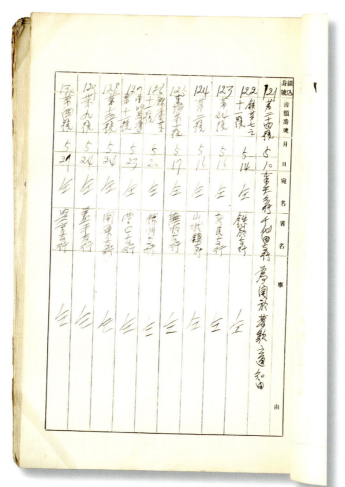

満洲中央銀行　為替記録綴り原票
サイズ：194×260mm　発行国：
満洲国　年銘：康徳7年（1940年）
記録：満洲中央銀行

満洲帝国郵政　建国10周年記念切手初日カバー　サイズ：85×170mm　額面：3分　発行国：満洲帝国　年銘：康徳10年（1942年）　印刷：満洲帝国印刷廠製

満洲帝国郵政　建国10周年記念切手初日カバー　サイズ：85×170mm　額面：6分　発行国：満洲帝国　年銘：康徳10年（1942年）　印刷：満洲帝国印刷廠製

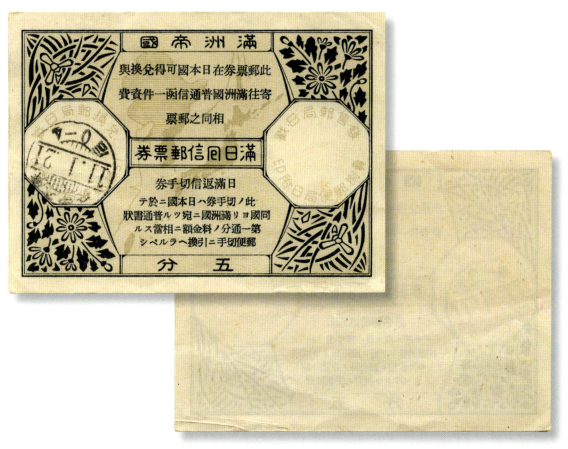

満洲帝国郵政　返信切手券　サイズ：103 × 74mm　額面：5分　発行国：満洲帝国　年銘：康徳 11 年（1941年）　印刷：満洲帝国印刷廠製

南満洲鉄道株式会社　工賃預票　炭鉱札　サイズ：61 × 92mm　額面：壹銭　発行：南満洲鉄道株式会社・撫順炭鉱　年銘：大正 8 年（1919年）　製造：満洲日日新聞社印刷

南満洲鉄道株式会社　賃金預票　炭鉱札　サイズ：103 × 67mm　額面：五銭　発行：南満洲鉄道株式会社・鞍山製鉄所　年銘：大正 8 年（1919年）　製造：満洲日日新聞社印刷

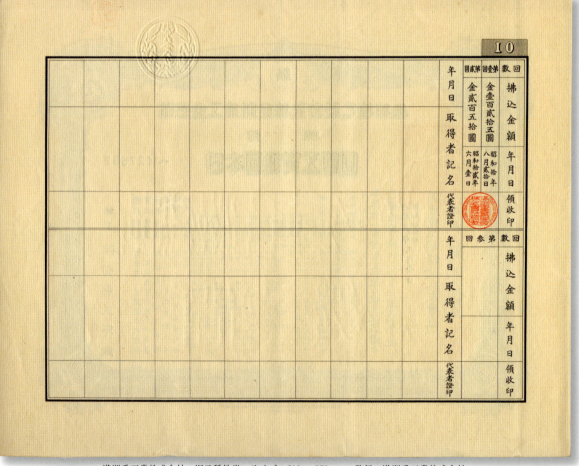

満洲重工業株式会社　旧乙種株券　サイズ：210×270mm　発行：満洲重工業株式会社
年銘：康徳5年（1938年）　拾株券（50％に縮小表示）

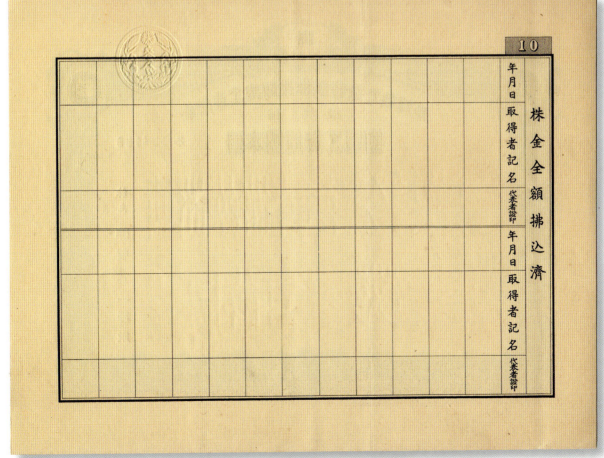

満洲重工業株式会社　旧乙種株券　サイズ：200×269mm　発行：満洲重工株式会社
年銘：康徳5年（1938年）　拾株券　（60％に縮小表示）

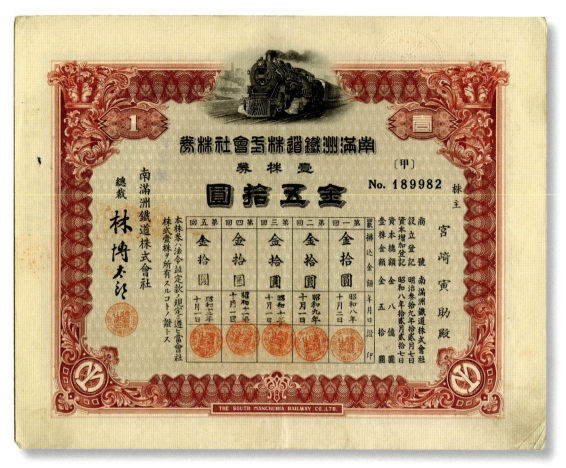

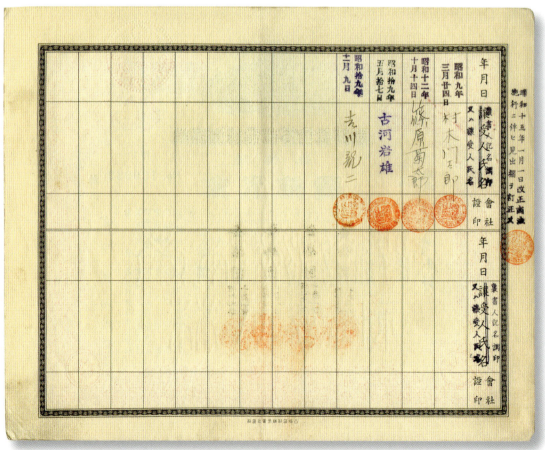

南満洲鉄道株式会社　旧株券　サイズ：190×242mm　意匠：パシナ号　発行：南満洲鉄道株式会社　年銘：昭和8年（1933年）　壹株券（60％に縮小表示）

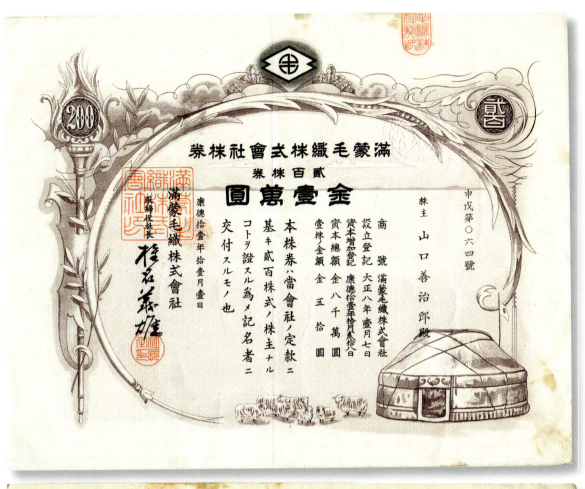

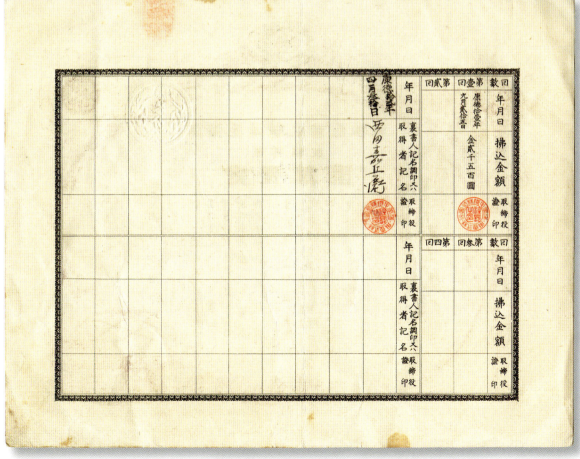

旧株券　サイズ：200×260mm　意匠：ゲル（モンゴル移動式住居）　発行：満蒙毛織株式会社　年銘：康徳11年（1944年）　貳百株券（60％に縮小表示）

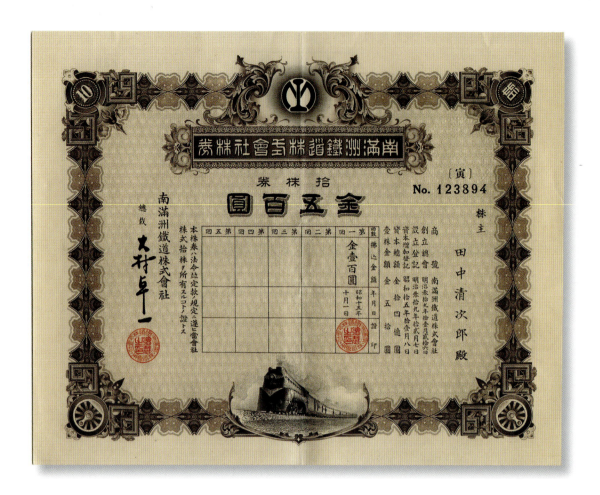

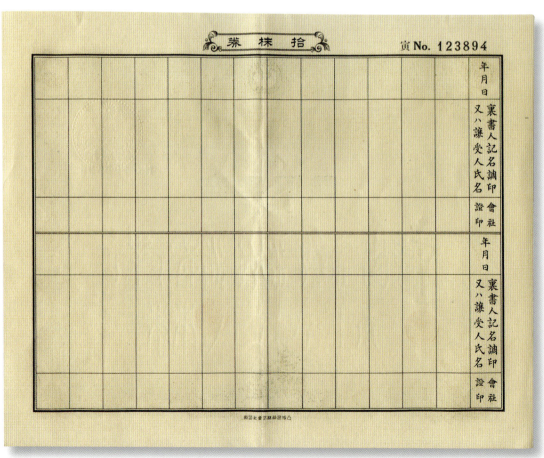

南満洲鉄道株式会社　旧株券　サイズ：190 × 240mm　意匠：あじあ号　発行：南満洲
鉄道株式会社　年銘：昭和15年（1940年）　拾株券（60％に縮小表示）

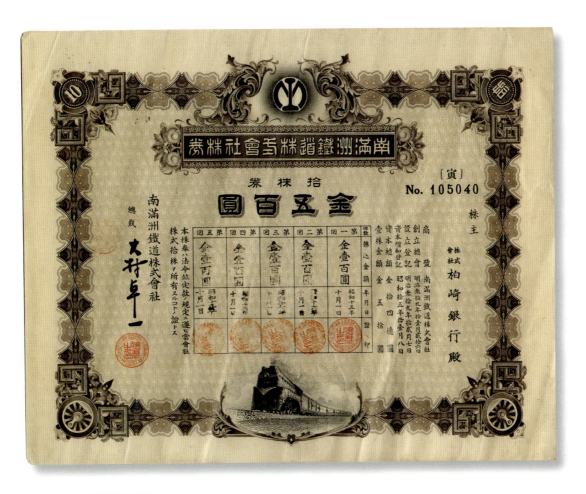

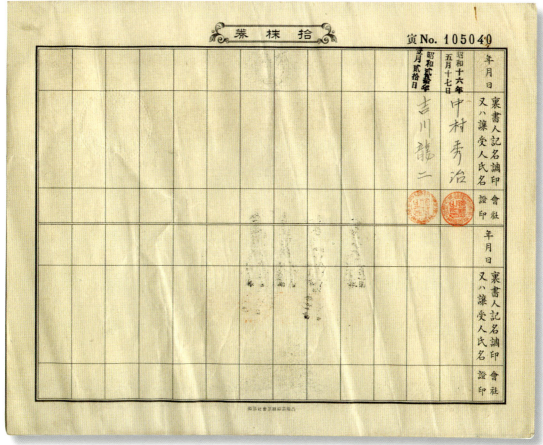

南満洲鉄道株式会社　旧株券　サイズ：190 × 240mm　意匠：あじあ号　発行：南満洲
鉄道株式会社　年銘：昭和15年（1940年）　拾株券（60％に縮小表示）

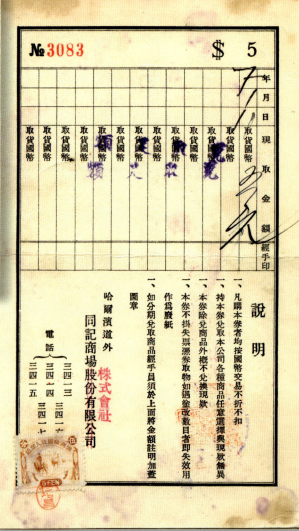

同記商場株式会社　商品禮券　サイズ：116 × 197mm（75％に縮小表示）　発行：察哈爾・同記商場株式会社　年銘：康徳7年（1940年）　国幣伍圓

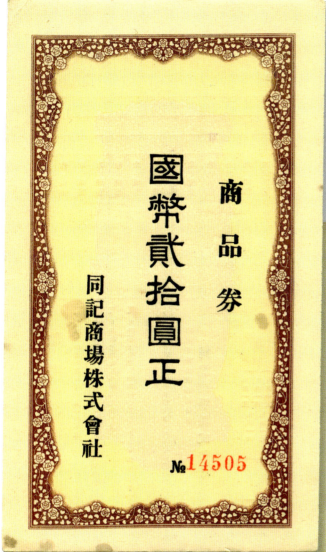

同記商場株式会社　商品券　サイズ：116 ×
197mm（75％に縮小表示）　発行：察哈爾・同
記商場株式会社　年銘：康徳7年（1940年）
国幣貳拾圓

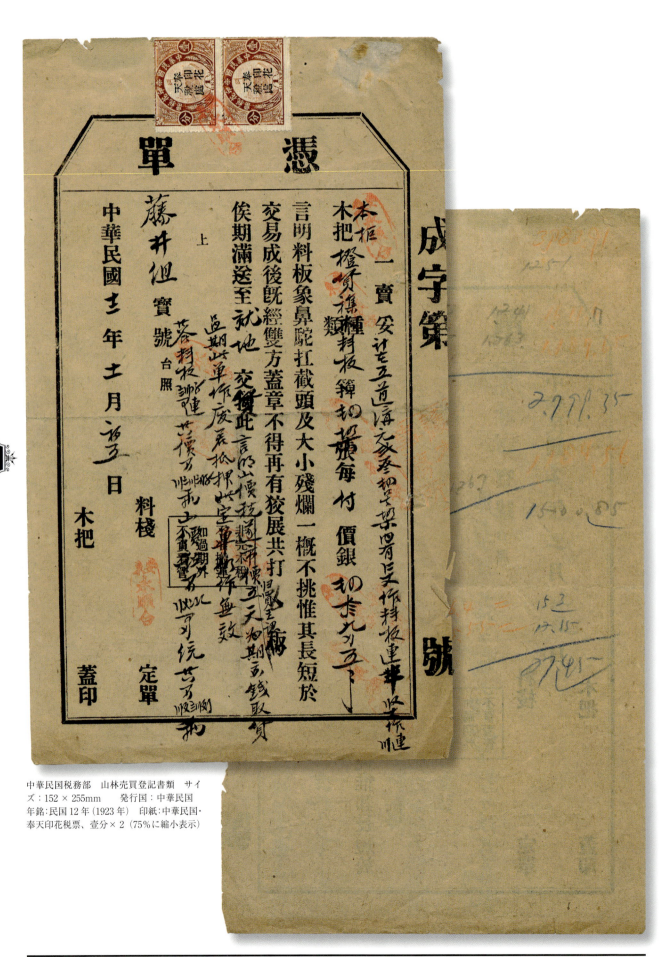

中華民国税務部　山林売買登記書類　サイズ：152 × 255mm　発行国：中華民国
年銘：民国12年（1923年）　印紙：中華民国・奉天印花税票、壹分×2（75%に縮小表示）

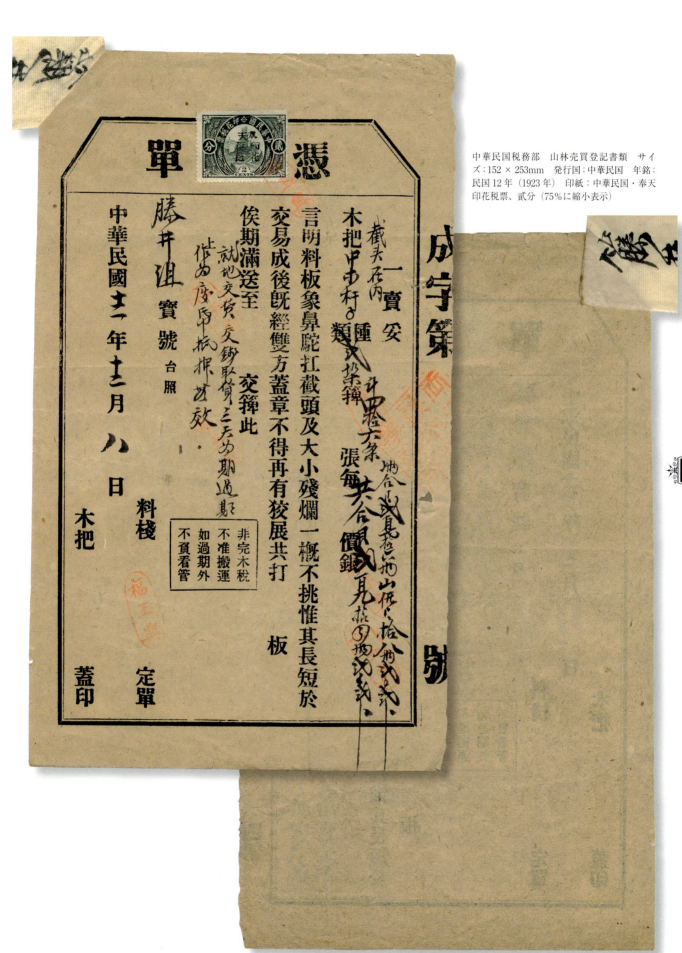

中華民国税務部　山林売買登記書類　サイズ：152 × 253mm　発行国：中華民国　年銘：民国12年（1923年）　印紙：中華民国・奉天印花税票、貳分（75％に縮小表示）

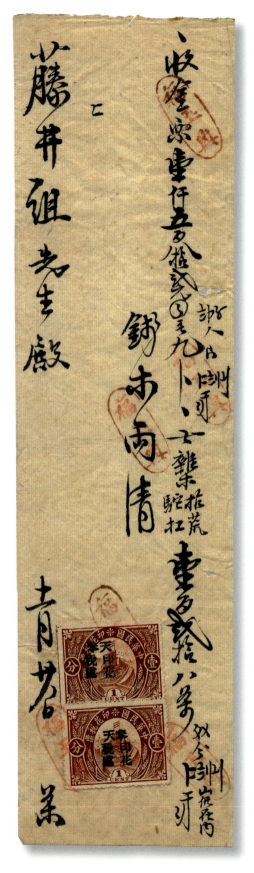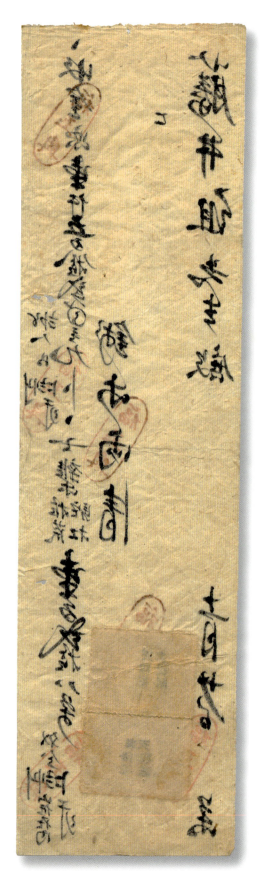

中華民国税務部　山林売買登記書類　サイズ：66×241mm（90%に縮小表示）　発行国：中華民国　印紙：中華民国・奉天印花税票、壹分×2

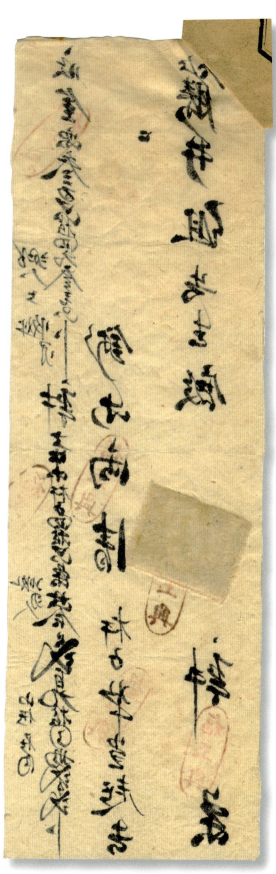

中華民国税務部　山林売買登記書類　サイズ：66 × 241mm（90％に縮小表示）　発行国：中華民国　印紙：中華民国・奉天印花税票、貳分

著者所有の珍銭・珍貨の紹介

臺灣銀行憑票支番銀壹員正　見本券　サイズ：90 × 187mm　臺湾在外地紋章と双鳳　額面：壹圓　発行国：日本在外地台湾　年銘：明治39年（光緒32年、1906年）　印刷：東京印刷株式会社製造

臺灣銀行券　サイズ：87 × 152mm　意匠：臺湾神社　額面：千圓　発行国：在外地臺湾　年銘：昭和 20 年（1945 年）　印刷：大日本帝国印刷局製造

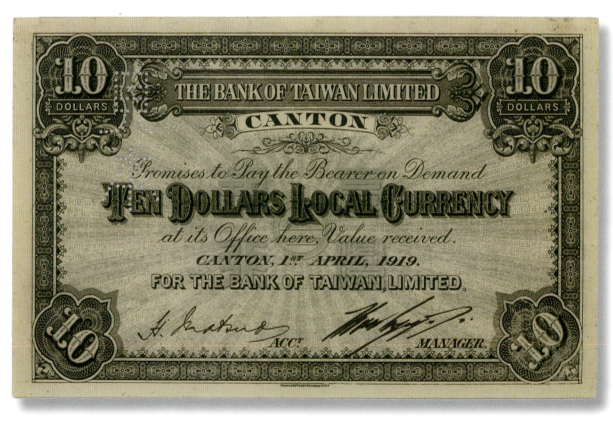

臺灣銀行　見本券　拾圓　サイズ：101×160mm　意匠：紋様　額面：拾圓　発行国：在外地臺湾　年銘：1919年　印刷：東京印刷株式会社製造

臺灣銀行　見本券　伍圓　サイズ：91 × 152mm　意匠：紋様　額面：伍圓　発行国：在外地臺湾　年銘：1917 年　印刷：東京印刷株式会社製造

中華匯業銀行　様本　佰圓　サイズ:118×175mm　意匠:花葉紋様　額面:佰圓　発行国:
中華民国　年銘:民国7年（1918年）　印刷:東京印刷株式会社製造

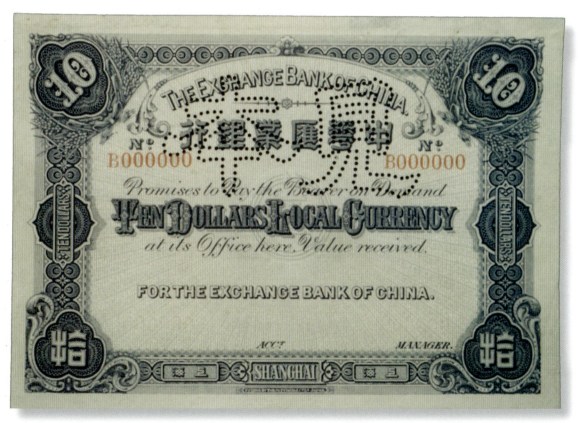

中華匯業銀行　見本　拾圓　サイズ:105×151mm　意匠:花葉紋様　額面:拾圓　発行国:中華民国　年銘:民国7年（1918年）　印刷:財政部批准発行　見本目打ち入り

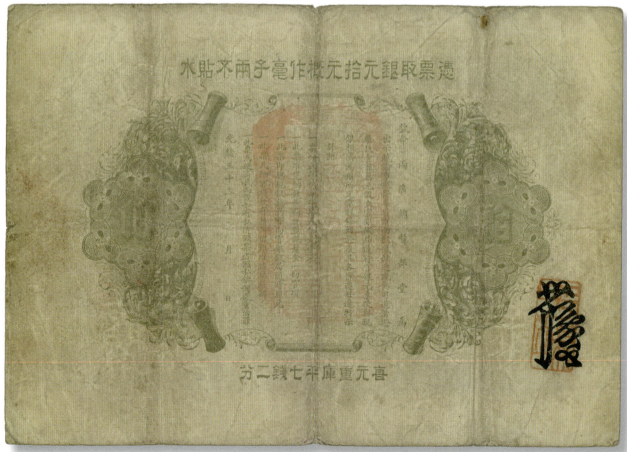

憑業　拾元　サイズ：115 × 169mm　意匠：双竜と宝寿　光緒元宝七銭二分銀幣図　額面：
拾元　発行国：大清帝国（廣東銭局）印刷：大日本帝国政府印刷局製造

憑業　壹元　サイズ：102×154mm　意匠：双竜と宝寿　光緒元宝七銭二分銀幣図　額面：
壹元　発行国：大清帝国（廣東銭局）印刷：大日本帝国政府印刷局製造

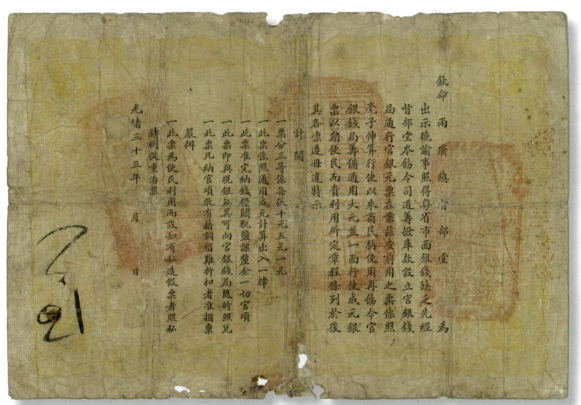

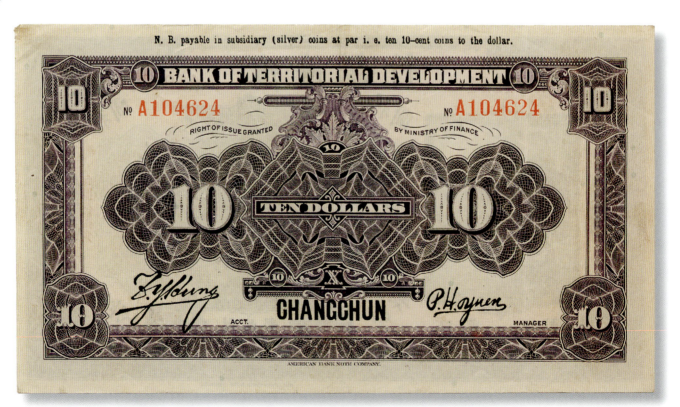

殖邊銀行券　長春通用　通用券　サイズ：174×96mm　額面：拾圓　発行：中華民国　特徴：小洋、毎圓付拾角加刷　製造：民国財政部　加刷：長春　※製造受託、AMERICAN BANK NOTE COMPANY

殖邊銀行兌換券　長春通用　通用券　サイズ：174×96mm　額面：拾圓　発行：中華民国　年銘：民国3年（1914年）　特徴：小洋、毎圓付拾角加刷　製造：民国財政部　加刷：長春

殖邊銀行兌換券　サイズ 86×155mm　意匠：農夫　額面：壹圓　発行国：中華民国　年銘：民国3年（1914年）　印刷：財政部印刷局製造　特徴：通用、長春加刷

横浜正金銀行概要と同大連分行発行の紙幣一覧

　横浜正金銀行は明治12年（1879）外国貿易金融を専門とする国際的な金融機関として、中村道太ほか22名が発起人となり設立された。幕末から明治初期、わが国は欧米5ヵ国との修好通商条約により、横浜、神戸などに開港を迫られ、為替も基本レートが決められ、横浜に支店を持つ香港上海銀行などの列強系銀行により、不利な貿易取引を免れなかった。

　このような状況の中で、横浜正金銀行は金銀貨幣の供給量を増やし流通を円滑にすることにより、外国銀行と対抗してわが国貿易の利便を図ることを目的として設立。本店は横浜に置かれ、資本金は300万円（政府100万円、民間200万円）であった。横浜正金銀行は、明治15年から始まる松方デフレ政策による貿易業者の倒産により、危機的な状況に陥りながらも、政府の支援や行内の改革によりこれを乗り切り、明治20年（1887）に「横浜正金銀行条例」に基づく特殊銀行となり、同21年9月には日銀との間に「共に政府の趣意を遵奉し、互にその業務を区画し協力して国家経済の進歩を謀る」という協約を締結。為替決済銀行としてわが国を代表する銀行に位置付けられた。

　明治29（1896）年10月、明治政府は金本位制に移行し、日清戦争の賠償金3億5,836万円(前年度の歳出総額の4.2倍に相当)を獲得したが、その際、賠償金受け入れや金本位制に伴う金銀地金や貨幣の保管、及び出納事務を代行する横浜正金銀行の一挙一動がロンドンの金市場を左右することとなり、同行の信用は飛躍的に増大し、国際的な銀行として認められるようになった。更に、明治37年（1904）に勃発した日露戦争では、膨大な戦費を調達するため、同行が中心となりシンジケートを組み、外貨国債を起債。戦費の約四割を調達したとされる。戦後には英国、フランス、ロシアの戦災復興国債の引受シンジケートの代表になるなど世界三大為替銀行と言われるほどの地位を獲得。明治39（1906）年には関東州（＝遼東半島。当時日本租借地）・中国における銀行券発行を許可されるなど、横浜正金銀行は我が国の政治や軍事、そして、経済、外交に密接に関わり、国策的金融機関として大きな影響力を及ぼしてきた。本欄では満洲國の建国前夜、中国の旧東北地方経済を管理してきた大連支店を通じ流通された紙幣を、次ページより幾つか図示しておく。

横浜正金銀行鈔票　見本券　サイズ133×204mm　意匠：横浜正金銀行本店　額面：壹百圓　発行国：日本
年銘：大正2年（1913年）　印刷：大日本帝国印刷局製　特徴：哈爾濱SPECIMEN加刷（80％に縮小表示）

横浜正金銀行金券・大連分行　様本　サイズ：183×105mm　意匠：大連分行の建物全景　額面：百圓　発行：日本　年銘：民国4年（1915年）　特徴：通用券加印様本　製造：大日本帝国政府印刷局　加刷：此票様式不得通用

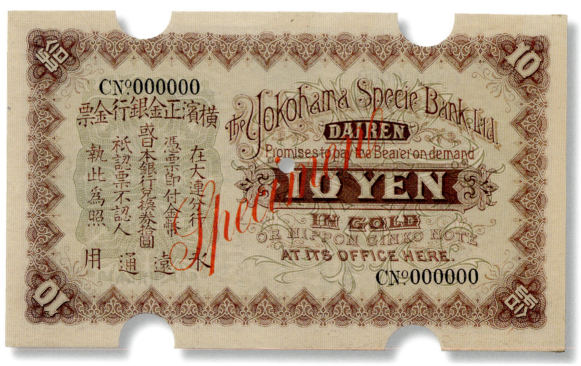

横浜正金銀行金券・大連分行　様本　サイズ：153×89mm　意匠：大連分行の建物全景　額面：拾圓　発行：日本　年銘：大正2年（1913年）　特徴：通用券加刷様本　製造：大日本帝國政府印刷局　加刷：此票樣式不得通用

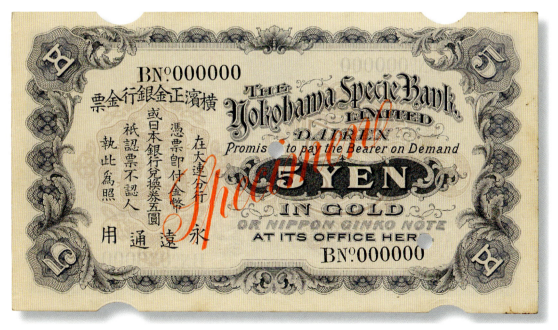

横浜正金銀行金券・大連分行　様本　サイズ：144×79mm　意匠：大連分行の建物全景　額面：五圓　発行：日本　年銘：大正2年（1913年）　特徴：通用券加刷様本　製造：大日本帝国政府印刷局　加刷：此票様式不得通用

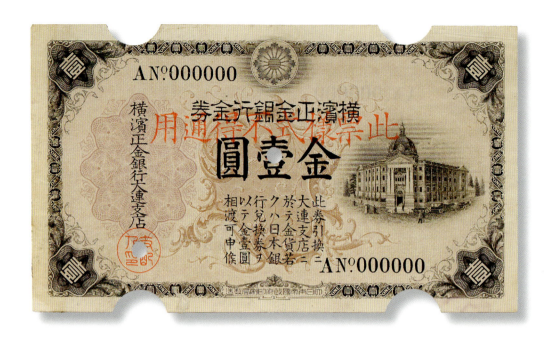

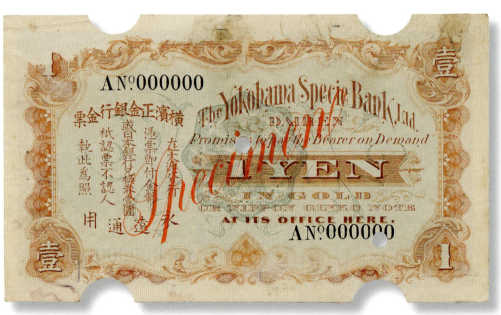

横浜正金銀行金券・大連分行　様本　サイズ：133×78mm　意匠：大連分行の建物全景　額面：壹圓　発行：日本　年銘：大正2年（1913年）　特徴：通用券加刷様本　製造：大日本帝国政府印刷局　加刷：此票様式不得通用

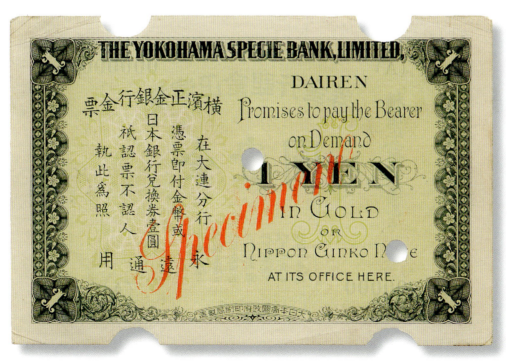

横浜正金銀行金券・大連分行　様本　サイズ：133×88mm　意匠：旭日紋章　額面：壹圓　発行：日本　年銘：大正2年（1913年）　特徴：通用券加刷様本　製造：大日本帝国政府印刷局　加刷：此票様式不得通用　※図案改正、民国5年（1916年）版

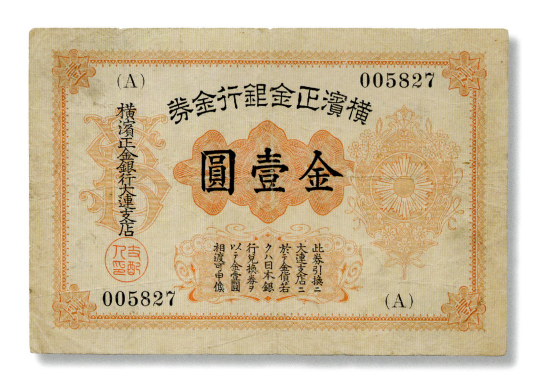

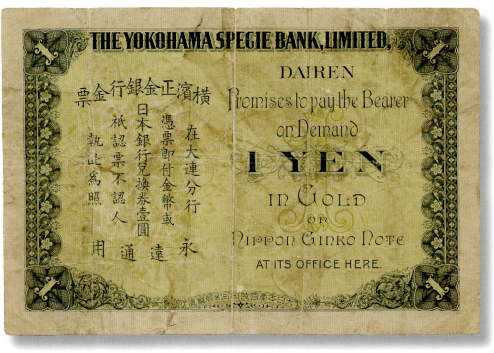

横浜正金銀行金券・大連分行　通用券　サイズ：131×86mm　意匠：旭日紋章　額面：壹圓　発行：日本　年銘：大正2年（1913年）　特徴：図案改正1913年版　製造：大日本帝国政府印刷局

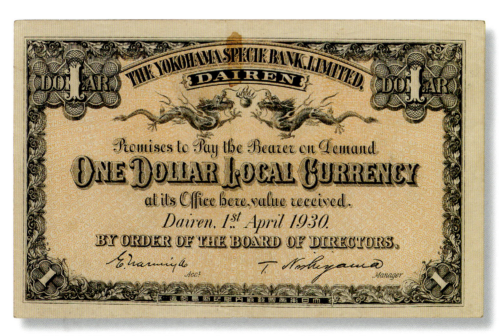

横浜正金銀行銀券・大連分行　鈔票　サイズ:128×79mm　意匠:紋様　額面:壹圓　発行:日本　年銘:昭和5年（1930年）　特徴:図案改正1930年版　製造:大日本帝国政府印刷局

中央儲備銀行券　試作　サイズ：96×178mm　意匠：孫文　額面：壹千圓　発行国：民国臨時政府
年銘：民国32年（1943年）　制作：帝国大蔵省印刷局　**（大珍）**

中央儲備銀行券　試作　サイズ：96×178mm　意匠：紋様＋獅子像　額面：伍千圓　発行国：民国臨時政府　年銘：民国32年（1943年）　制作：帝国大蔵省印刷局　※裏面デザイン　**（大珍）**

中央諸備銀行券　福耳　エラー券　サイズ：90 × 181mm　意匠：孫文　額面：壹百圓　発行国：中華民国　年銘：民国31年（1942年）　印刷：旧・大蔵省印刷局製

毛沢東中国（中共）　壹分試作合紙カーボン貨　朱色　直径：30.00mm　重量：0.70g　品位：合紙カーボン　額面：壹分　意匠：稲穂と歯車　発行国：中華人民共和国前身（毛沢東中国）　年銘：1935年　製造：接収時・満洲帝国奉天造幣廠製　特徴：国号は中華人民共和国　稀少貨

毛沢東中国（中共）　壹分試作合紙カーボン貨　濃茶色　直径：30.00mm　重量：0.70g　品位：合紙カーボン　額面：壹分　意匠：稲穂と歯車　発行国：中華人民共和国前身（毛沢東中国）　年銘：1935年　製造：接収時・満洲帝国奉天造幣廠製　特徴：国号は中華人民共和国　稀少貨

和同開珎　和銅元年（西暦708年）銭范

開基勝寶金銭　手彫り模写作品　直径24.89mm　重量：9.70g　品位：金　特徴：加納夏雄手彫り模写　製作：旧大阪造幣寮

明治二年銘、手彫り試作一銭銅貨　直径：29.90mm　重量：9.70g　品位：銅　額面：1銭
特徴：裏面に夏雄の銘入り　製作：旧大阪造幣寮

解 説

加納夏雄(幼名　伏見治三郎　文政11年4月11日生、明治31年2月3日没)
幕末〜明治期の代表的金工家
稀代の彫刻師と言われる加納夏雄は、明治天皇の太刀拵え御用拝領をきっかけとして、その後の我が国初の洋式貨幣製作、整備に大いに貢献した金工家である。図示の「開基勝寶金銭」の手彫り作品と、「手彫り明治2年銘試作1銭銅貨」は、当時の英国王立造幣局で造幣技官をしていたレオナード・ワイオンにして「これ以上に良い試作貨は英国でも作れない」と言わしめた逸品。現在では国宝・重文クラスの、銭幣界を超え、広く各界に称賛される名品の一つとなっている。

開基勝宝金銭

この金銭は昭和12年奈良市西大寺で出土した。円形で方孔をもち、「開基勝宝」の四字を配置している。総数31枚のうち、完全に近い28枚の金銭は文字の形から三種に分類できる。この金銭は原材料となる金塊や金枚と一括出土していることから、鋳銭関係遺跡の出土品と見られる。
開基勝宝金銭は天平宝字四年（760）三月、銀銭の太平元宝、銅銭の万年通宝と同時に鋳銭発行され、その交換率は金銭1枚に対して銀銭10枚、銅銭100枚と定められていた。
開基勝宝の遺品については、ほかに寛政六年（1794）、西大寺塔跡から1枚発見されているのみである。日本最古の金銭として貨幣経済史上、考古学上きわめて貴重な学術的資料である。図示した金銭は、寛政六年（1794）、西大寺塔跡から1枚発見されている現品から加納夏雄が模した一品である。

中日銭幣学術交流会 1992 年銘、松寶庵 菅谷信記念メダル 直径：50.00 品位：金 意匠：円銀竜図（竜図は稀少、明治八年銘極印の竜図写し） 銘文：中日銭幣学術交流会 壬申 横浜 遼寧 製造：瀋陽造幣廠 1992 年

満洲國 康徳大典紀念章 直径：35.00mm 品位：銀製 大阪造幣局検定刻印入り 意匠：双鳳（雌雄）と蘭花国章 銘文：帝出乎震 綬：満洲國旗に準ずる五族協和五色 発行：康徳元年（昭和9年、1934年） 製造：満洲帝国奉天造幣廠（受託：大阪造幣局）

晋北塩業銀號　亜鉛版　サイズ：76×140mm　額面：壹圓　発行国：中華民国　年銘：民国23年（1934年）
制作：晋北塩業銀號（一級品）

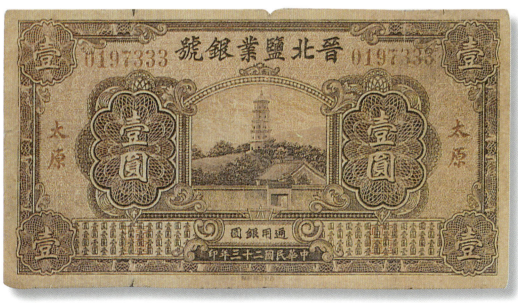

上の亜鉛板による壹圓紙幣

晋北監業銀號　亜鉛版　サイズ:67×113mm　額面:壹角　発行国:中華民国　年銘:民国24年（1935年）制作：晋北監業銀號（一級品）

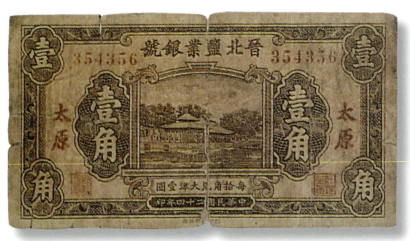

上の亜鉛版による壹角紙幣

東三省銀行滙兌券　銅版　サイズ：77 × 130mm　意匠：紋様　額面：拾圓　発行国：中華民国　年銘：民国9年（1920年）　制作：東三省銀行 **(一級品)**

東三省官銀號券　銅版　サイズ：82×132mm　額面：貳角　発行国：中華民国（往時張作霖の管理下にあった東三省官銀号・吉林永衡官銀銭号・黒龍江官銀号と同じ経営。後に満洲中央銀行に統合）　製造：永衡印書局製（珍）

上記の銅板による貳角紙幣

東三省官銀號券　銅版　サイズ：82×135mm　額面：貳角　発行国：中華民国（往時張作霖の管理下にあった東三省官銀号・吉林永衡官銀銭号・黒龍江官銀号と同じ経営。後に満洲中央銀行に統合）　製造：永衡印書局製　民国18年（1829）（珍）

東三省官銀號　銅版　サイズ：97×152mm　額面：伍角　発行国：中華民国（往時張作霖の管理下にあった東三省官銀号・吉林永衡官銀銭号・黒龍江官銀号と同じ経営。後に満洲中央銀行に統合）　発行年：民国18年（1929）　製造：永衡印書局製（珍）

上記の銅板による伍角紙幣

清朝末戸部発行の紙幣銅版　拓本　印面：135 × 247mm

清朝末戸部発行の紙幣銅版　五伯文　サイズ：135 × 247mm（珍）

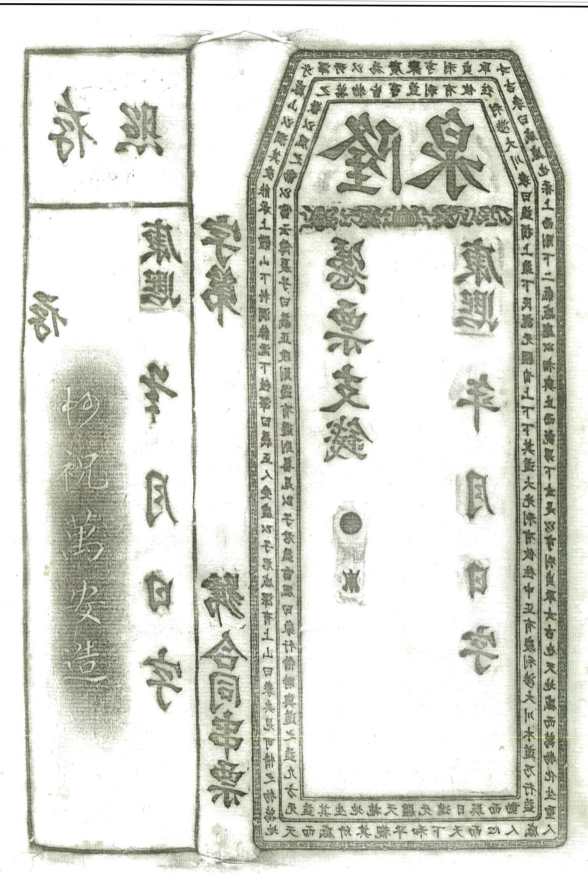

康熙年造　紙幣銅版　拓本　印面：144 × 210mm　萬安造

康熙年造　銅版　サイズ：144 × 210mm　萬安造（珍）

清朝末戸部発行の紙幣木版　サイズ：100 × 194mm（90％に縮小表示）

銅鈔版　サイズ：82 × 147mm　意匠：銭貨図
額面：参伯文　鈔版裏印（稀少品）

哭字銅范（蟻鼻銅范）サイズ：114 × 235mm

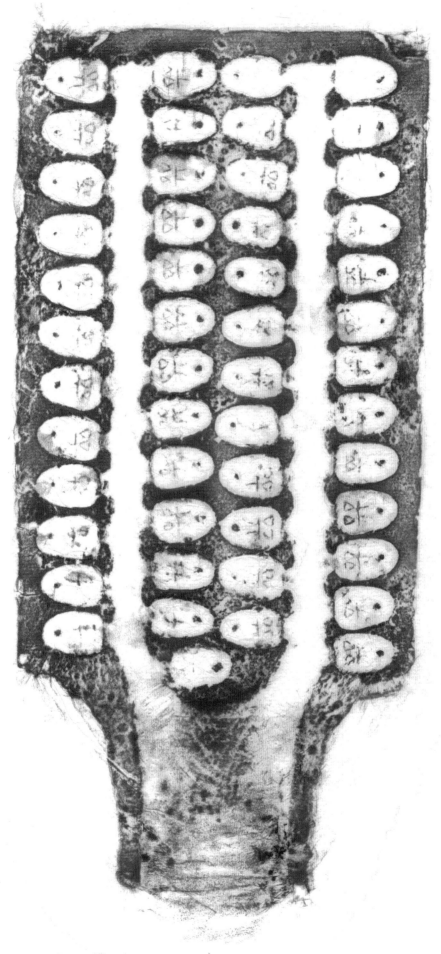

哭字銅范（拓本）

大泉五十銅范

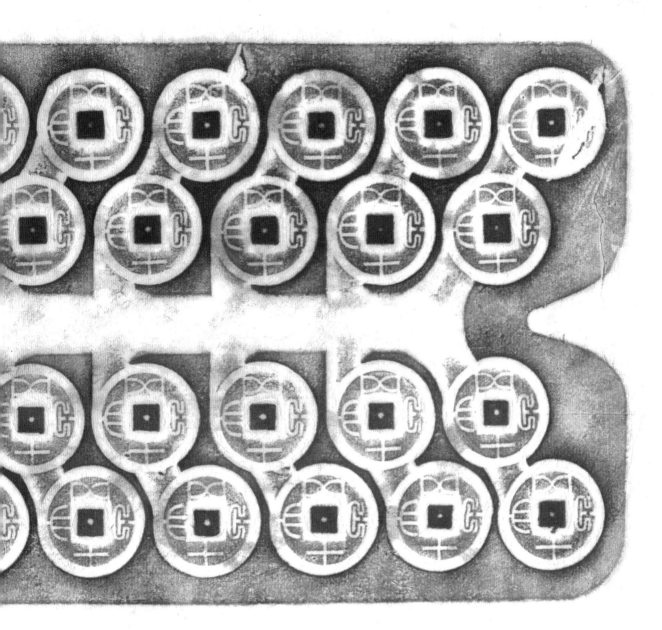

大泉五十铜范（拓本）

大泉五十铜范（两面）

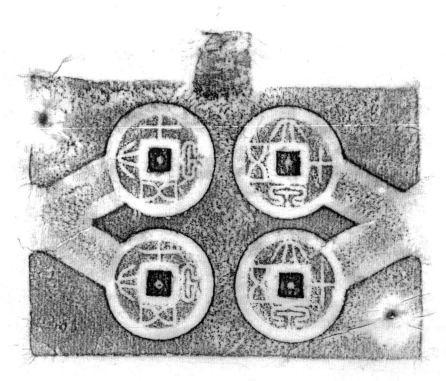
大泉五十铜母范

大布黄千铜范

(背)

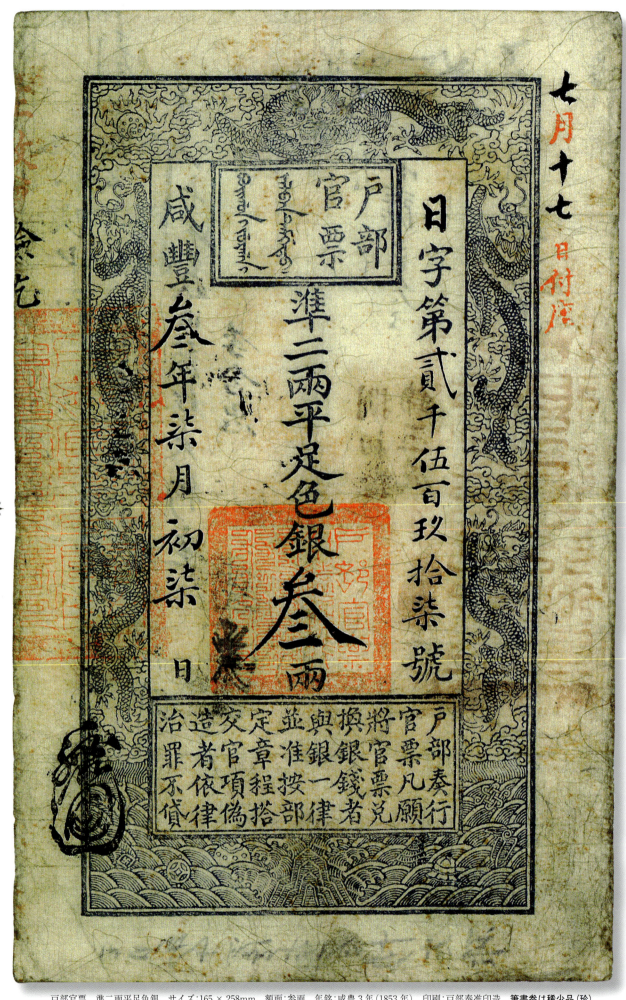

戸部官票　準二両平足色銀　サイズ:165 × 258mm　額面:参両　年銘:咸豊3年（1853年）　印刷:戸部泰准印造　**筆書参は稀少品（珍）**

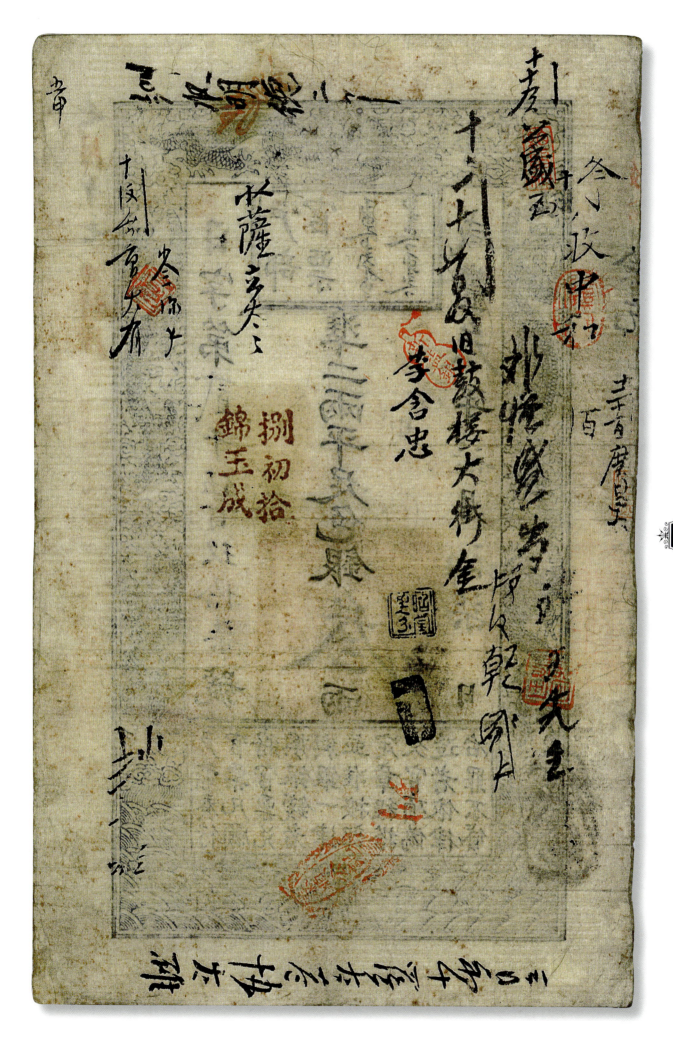

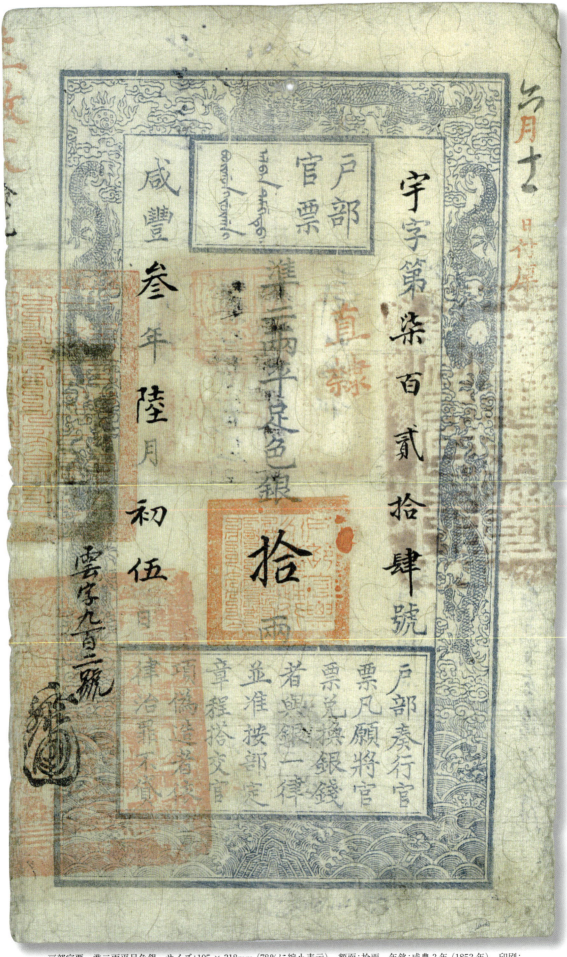

戸部官票　準二両平足色銀　サイズ：195×318mm（78％に縮小表示）　額面：拾両　年銘：咸豊3年（1853年）　印刷：戸部泰准印造　**筆書拾は稀少品（珍）**

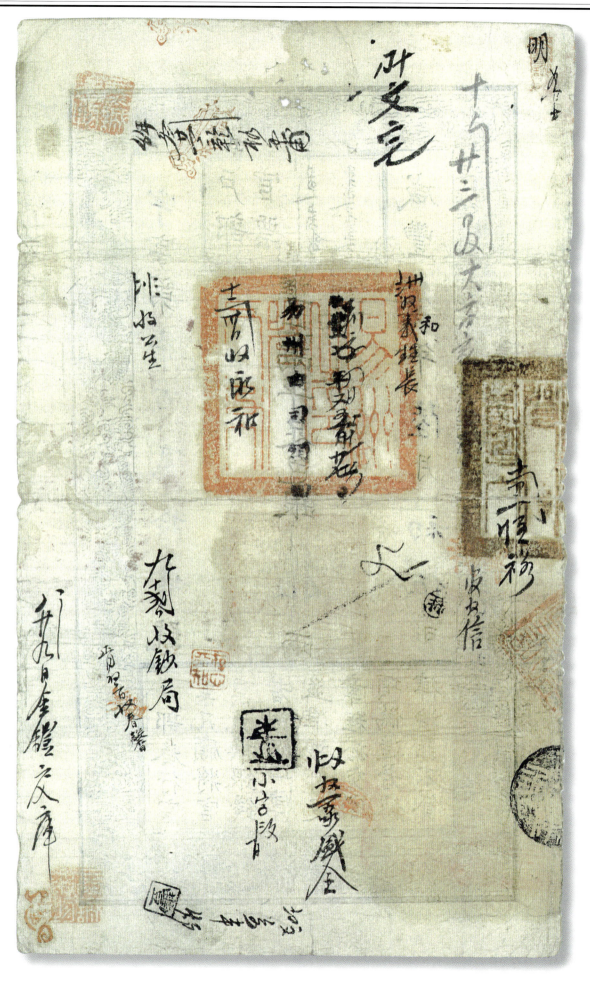

中統元寶交鈔　壹貫文省　サイズ：210×292mm　背文：至正印造元寶交鈔（90%に縮小表示）　（大珍）

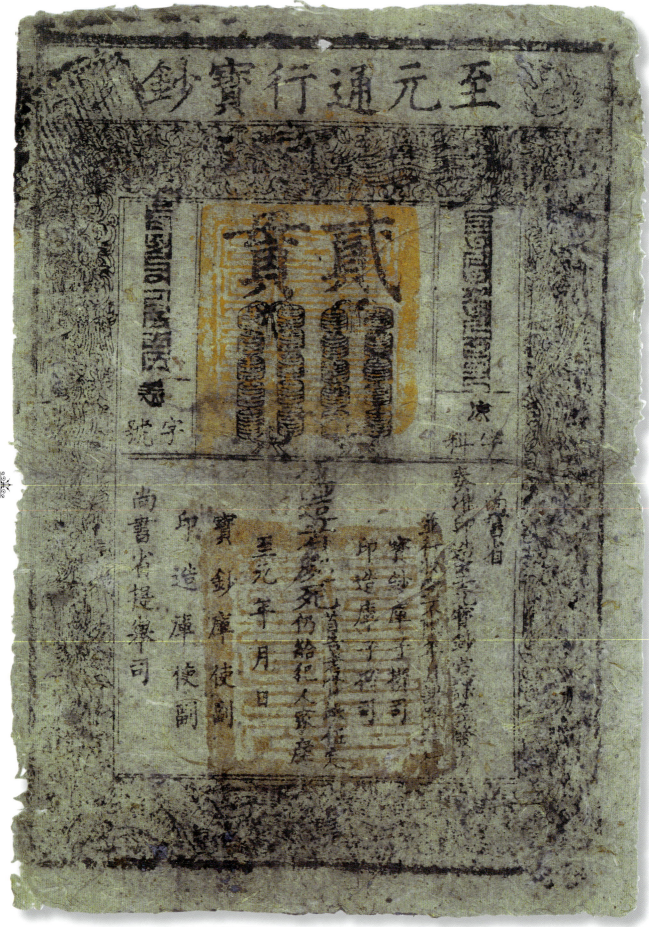

至元通行寶鈔　貳貫　サイズ：215 × 300mm　印刷：戸部泰准印造（80％に縮小表示）（珍）

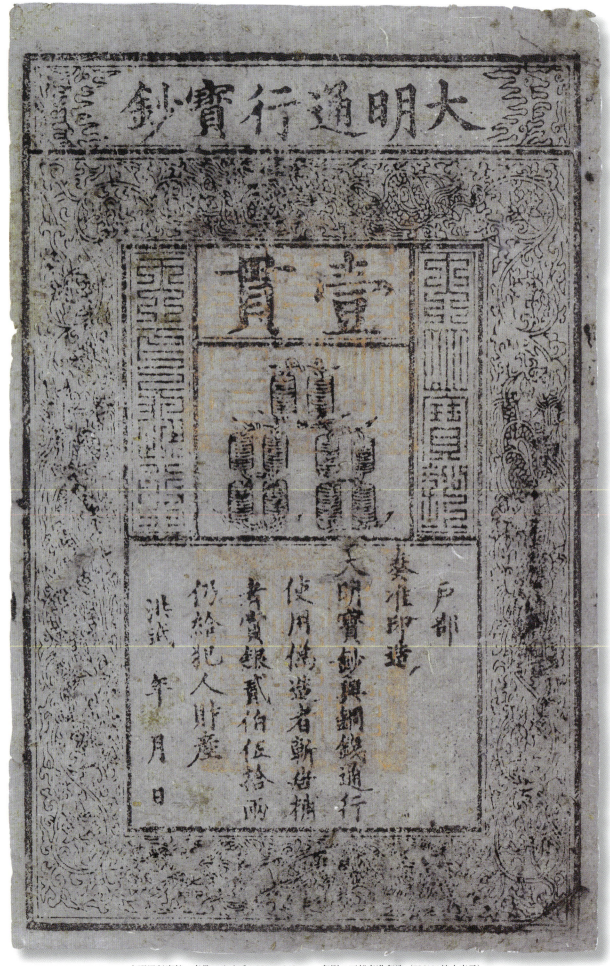

大明通行寶鈔　壹貫　サイズ：221 × 342mm　印刷：戸部泰准印造（73%に縮小表示）

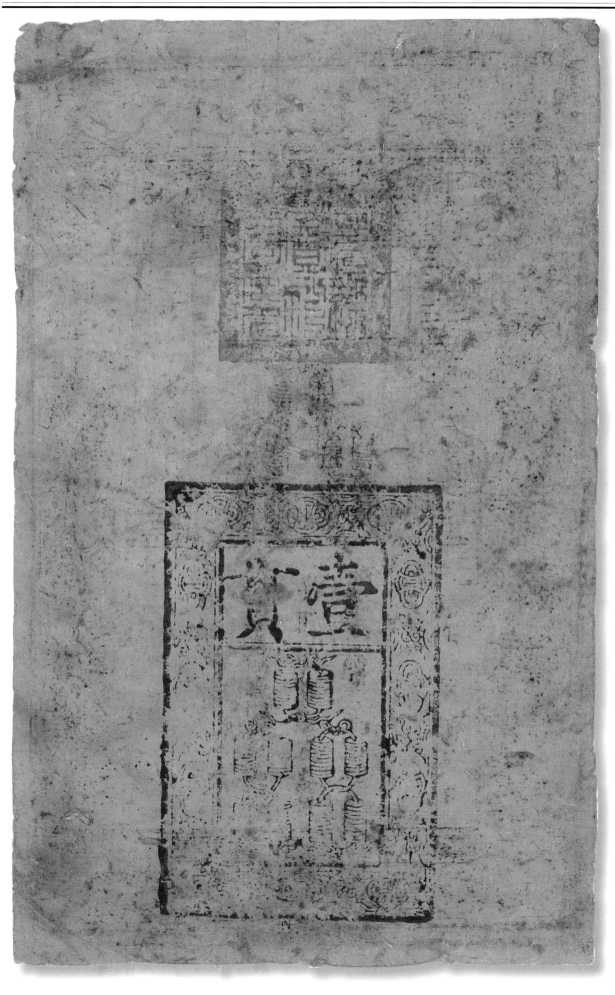

蒙疆銀行　通用券　サイズ：790×545mm（70％に縮小表示）　未裁断シート48枚綴り　額面：五角　発行国：蒙疆自治政府
年銘：民国27年（1938年）　印刷：凸版印刷株式会社　（珍）

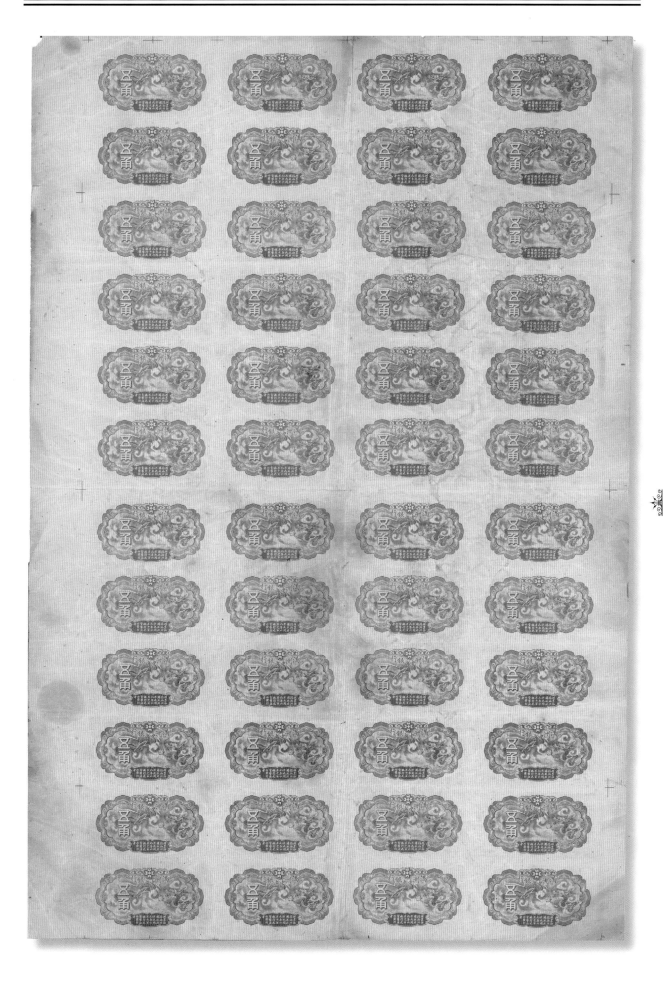

蒙疆銀行 通用券 サイズ：630×985mm（78％に縮小表示） 未裁断シート90枚綴り 額面：五分 発行国：蒙疆自治政府
年銘：民国27年（1938年） 印刷：凸版印刷株式会社 （大珍）※製造年：民国32年（1943年）

旧満洲国の『貨幣法』

開業初期の旧満洲国の貨幣法①
貨幣法

（大同元年六月十一日教令第二十五号）

　参議府の諮詢を経て、貨幣法の諸節を制定し、本令を公布、実施する。

　第一条　貨幣の製造および発行の権能は政府に属し、満洲中央銀行は、それを代行する。

　第二条　純銀二三点九一公分を以って価格の単位とし、称呼を圓とする（本条は大同二年教令第二二号より改正。）

　第三条　貨幣の計算は、十進法を用い、一圓の十分の一を以って角とし、百分の一を以って分とし、千分の一を以って厘とする。

　第四条　貨幣の種類は以下の通り九種類ある。
　貨　　幣：百圓、十圓、五圓、一圓、五角。
　白銅貨幣：一角、五分。
　青銅貨幣：一分、五厘。

　第五条　紙幣は、額面価格無制限に法貨として通用し、鋳幣は、額面価格の百倍までを限り、法貨として通用する。

　第六条　鋳幣の品位および量目は以下の通りである。
　一、一角の白銅貨幣は、総重量を五瓦にして、ニッケル25％、銅75％。
　二、五分の白銅貨幣は、総重量を三.五瓦にして、ニッケル25％、銅75％。
　三、一分の青銅貨幣は、総重量を五瓦にして、銅95％、錫4％、亜鉛1％。
　四、五厘青銅貨幣は、総重量を二.五瓦にして、銅95％、錫4％、亜鉛1％。

　第七条　貨幣の様式および製造、発行、損幣の兌換および廃棄に関しては、教令を以って規定する。

　第八条　中央銀行は、汚染された貨幣、または摩損、損傷した貨幣を額面価格で手数料を徴収することなく交換しなければならない。

　第九条　貨幣であって、その模様の認識が困難なもの、勝手に刻印されたもの、或いはそのほか故意により損傷されたものは、貨幣としての効力を失う。

　第十条　満洲中央銀行は、紙幣の発行額に対して、同額の三分の一以上に相当する金銀塊、確実な外国通貨、或いは外国銀行に貯蓄している金銀貨を保有しなければならない。

　第十一条　発行額から前条に掲げる準備高を差引いて残った部分に対して、公債証書、政府発行或いは保証手形、或いはそのほかの確実な証券或いは商業手形を保有しなければならない。

　第十二条　満洲中央銀行は、紙幣および硬貨の発行額と増減の予定に関する出納日表および各週の平均額表を政府に報告し、各週の平均額を公告しなければならない。

　第十三条　政府は、貨幣の製造および発行を厳重に監督するよう、満洲中央銀行の監理官に命じ、監理官は、何時でも貨幣の発行額、未発行額、および帳簿を検査することができる。

　第十四条　従来の流通硬貨および紙幣に関しては、旧貨幣整理弁法の規定に従う。

附則
本法律は、公布の日より実施する。

---

① 『満州国法令輯覧』の第九輯・財務の第208の第13ページ（中国語・日本語併載）を参照されたい。

旧満洲国の中央銀行法

開業初期の旧満洲国の中央銀行法②
満洲中央銀行法
（大同元年六月十一日教令第二十六号）

参議府の諮詢を経て、満洲中央銀行法の諸節を制定して、本令を公布、実施する。

第一条 満洲中央銀行は、株式会社とし、国内通用貨幣の流通を調節し、その安定を保持し金融を統制することを目的とする。

第二条 満洲中央銀行は、総行を新京に置き、分行を奉天、吉林、チチハルおよびハルビンに置く。

満洲中央銀行は、政府の許可を得て、前条に規定する分行以外に、重要な地域に分行または支行を置き、あるいは、他の銀行と代理店契約を結ぶことができる。

政府は、必要と判断した場合、分行あるいは代理店の設置を命じることができる。

第三条 満洲中央銀行の存立時期は設立免許の日より三十年とするが、株主総会の決議により政府の認可を受けて、これを延長することができる。

第四条 満洲中央銀行の資本金は三千万圓とし、これを三十万株に分けて一株の金額を百圓とするが、株主総会の決議により政府の認可を受けて、これを増加することができる。

第五条 満洲中央銀行の株は、複数回に分けて募集することができる。

第六条 満洲中央銀行の株式は、記名式とし、政府の許可を得ないものは株主になることができない。

第七条 満洲中央銀行の株券の発行価格は、額面価格を下回ってはならない。

第一回払込資本は、フェースバリューによる資本の二分の一を下回ってはならない。

第八条 政府は、満洲中央銀行株の中の五万株以上を立替える。政府は、前条に規定する限度の株式を譲渡または処分することはできない。

第九条 政府は、満洲中央銀行の資本金の半分を立替えることができる。

第十条 満洲中央銀行の業務範囲は以下の通りである。

　一　政府発行の手形、為替手形およびその他の商業手形の割引あるいは買収。

　二　金銀塊、外国通貨を担保とする貸付。

　三　金銀塊、外国通貨の売買。

　四　諸預り金および当座貸越。

　五　金銀塊、外国通貨、貴重品並びに諸証券類の保護預り。

　六　公債証書、政府発行の手形およびその他政府の保証に係る各種の証券を担保とする貸付。

　七　確実な担保のある貸付。

　八　平常取引約定のある諸会社、銀行または商人のための手形取立。

　九　為替および荷為替。

第十一条 満洲中央銀行は、営業上必要な物件を購入しまたは債務弁済のため物件を引受ける場合を除いて、動産、不動産を購入してはならない。債務弁済のため引受けた動産は、半年以内に、不動産は一年以内に売却しなければならない。但し、買手がないあるいは買手があるが、その代償は適当でないと判断した場合、政府の認可を得て売却を延期することができる。

第十二条 満洲中央銀行は、自行株を取得または質権の目的で受領してはならない。

第十三条 満洲中央銀行は、如何なる場合においても、総裁、副総裁、理事、監事および従業員に対して貸付をしてはならない。

第十四条 満洲中央銀行は、貨幣法の規定により、貨幣の製造および発行を行う。

第十五条 満洲中央銀行は、政府の認可を得て、資金を借入れることができる。

第十六条 満洲中央銀行は、政府に認可された銀行に預金することができる。

第十七条 満洲中央銀行は、国庫金の出納事務を行う他に、地方団体の公金事務を代理することができる。

第十八条 満洲中央銀行は、本法律に規定されている業務以外の業務を経営してはならない。

第十九条 満洲中央銀行は、総裁一人、副総裁一人、理事五人以上、監事三人以上を置く。

第二十条 総裁、副総裁は、任期を五年とし、政府が任命する。理事は、任期を四年とし、百株以上を所有する全ての株主の中から株主総会において選挙し、政府の認可を得て就任する。監事は五十株以

---

②『満州国法令輯覧』の第九輯・財務の第202ページ（中国語・日本語併載）を参照されたい

上を所有する全ての株主の中から株主総会において選挙し、任期を三年とする。

第二十一条　理事或いは監事は、任期が過ぎても、新たな理事或いは監事が就任するまでの間、職務を継続する。

第二十二条　理事或いは監事に欠員が出た場合、株主総会を開き、補欠選挙を行わなければならない。補充人員は前任の業務を継続する。任期は残っているが、理事あるいは監事に欠員が出た場合、理事に三人、監事に一人がまだ残っており、幹部総会が業務上の支障はないと判断された場合、補欠選挙を行わなくてもよい。

第二十三条　理事は、自ら所有する満洲中央銀行の株券百株を在任中に監事に任せなければならない。

前記株券は、本人が退職したても、当該期の決算報告に属しなくし、株主総会の承認を経て、それを取戻すことができない。

第二十四条　総裁、副総裁、理事および常務監事は、如何なる名目で報酬のある他の職務に就き又は商業に従事してはならない。但し、政府に許可されたときはこの限りでない。

第二十五条　総裁の職務権限は以下の通りである。
一　総裁は、全ての業務において、満洲中央銀行を代表する。
二　総裁は、法律命令および定款の規定並びに株主総会、理事会および幹部総会の決議を遵守して全ての業務を執行する。
三　総裁は、株主総会、理事会および幹部会の議長でなければならない。

第二十六条　副総裁は、総裁に事故があるときはその職務を代理し、総裁が欠員のときはその職務を行う。総裁および副総裁に事故があるとき、政府が理事中の一人に総裁職務代行を命じる。

第二十七条　副総裁および理事は、総裁を補佐し、総裁の命令を受けて満洲中央銀行の業務を分掌する。

第二十八条　監事は、満洲中央銀行の業務を監査し、常務監事を互選により一人を選出することができる。

第二十九条　総裁、副総裁、理事および常務監事の報酬および手当の金額は、政府により決められなければならない。監事の報酬は、株主総会の決議を経て制定し、政府の認可を得なければならない。

第三十条　奉天、吉林、チチハルおよびハルビンの各分行は、別に駐在理事を派遣する。

第三十一条　理事会は、総裁、副総裁及び理事で組織し、総裁がそれを召集して、重要な業務を議決する。

第三十二条　重要な業務の方針に関する意見を理事会に提出できるように、重要な各分行に地方委員会を設置することができる。

第三十三条　監事会は、監事で組織し、理事会で議決された事項中の特定の事項を調査し、それを正常と判断した場合、それを承認する。

第三十四条　幹部総会は、総裁、副総裁、理事および監事で組織し、総裁がそれを召集し、特に重要な事項を議決する。

第三十五条　満洲中央銀行は、一般株主総会を年二回開催する。

必要時には臨時株主総会を開催することができる。株主総会における株主議決権、議決方法は、定款において定める。

第三十六条　満洲中央銀行は毎営業年度資本の欠損を補う為、純利益の百分の八以上を引き出し、利益配当の平均を配当する為、純利益の百分の二以上を引き出さなければならない。満洲中央銀行は、前項の引き出したた公共積立金以外、さらに純利益の百分の二十以上の金塊、外国金、通用貨幣、または金本位で計算された貯金を保有しなければならない。

第三十七条　株主に配当し得べき利益金額が払込資本に対し一年百分の六の割合を超過した場合、満洲中央銀行は、超過した金額の四分の三を政府に納付しなければならない。

第三十八条　株主に配当し得べき利益金額が政府の所有する株式以外の払込資本に対し毎営業末に一年百分の六の割合を超過する前に、政府所有の株式を配当しなくてもよい。

前項の百分の六を超過した利益金は政府所有の株式に配当し、但し、政府所有を超過してはならない。

第三十九条　株主に配当し得べき利益金額が政府の所有する株式以外の払込資本に対し毎営業期末に一年百分の六の割合を超えた時、政府は設立の年度より五年を限り、之に達するべき金額を補給しなければならない。

第四十条　政府は満洲銀行監理官を置き満洲銀行の業務を監視させる。

第四十一条　定款を改正または変更する場合、株主総会が議決し、政府の認可を得なければならない。

第四十二条　政府は、満洲中央銀行の業務を監督するのに必要な命令を出すことができる。

第四十三条　満洲中央銀行は、営業上の諸般状況を月に一回政府へ報告しなければならない。

第四十四条　満洲中央銀行が設立時に合併した各銀行号は、第十八条の規定に拘らず、従来経営していた業務を合併の日より一年間継続することができる。

第四十五条　設立初度の理事及監査役は政府により特別に任命し、前項の理事及び監事は第二十条の第二項および第三項が規定する所有すべき株式数を有しなければならない。
　第四十六条　本法律は、公布の日より実施する。

※日本が1942年（康徳9年）に太平洋戦争のために『日本銀行法』を全面的に改正したことを受け、満洲国も『満洲中央銀行修訂綱要』を制定し、これに基づいて『満洲中央銀行法』を制定公布し、十一月一日により実施した。

1942年（康徳9年）に修訂された旧『満洲中央銀行法』③
満洲中央銀行法
康徳九年十月二十六日勅令第二百号

第一章　総則
　第一条　満洲中央銀行は、国家経済の全ての力を適当に発揮することを図り、国家政策による通貨の調節、金融の整頓、信用制度の保持保護を目的とする。
　第二条　満洲中央銀行は、法令の規定に従って国家の通貨および金融に関する業務を行う。
　第三条　満洲中央銀行は、総行を新京特別市に置き、経済部大臣の許可を得て重要な地域に支行または出張所（駐在所）を設置することができ、また他の銀行または金融機関に一部の業務を代理させることができる。
　満洲中央銀行は、支行、出張所あるいは代理店を撤去する場合、経済部大臣の許可を得なければならない。
　経済部大臣は、必要と判断した場合、支行、出張所あるいは代理店の設置または撤去を命じることができる。
　第四条　満洲中央銀行の資本金は、一億元とし、政府が全額投資する。
　前項投資は、段階的に払込むことができる。
　第五条　満洲中央銀行は、定款を以って以下の事項を規定する。
　　1、目的
　　2、名称
　　3、総行、支行および出張所の所在地
　　4、資本金額、出資および資産に関する事項
　　5、役員に関する事項
　　6、業務、事業およびその執行上の関連事項
　　7、業務年度
　　8、経営管理に関する事項
　　9、公告の方法

　修正された定款は、経済部大臣の許可を得てない場合、すべて無効になる。
　第六条　満洲中央銀行は、別の規定により登録しなければならない。前項の規定により登録しなければならない事項は、未登録の前に、第三者と対抗するのに利用してはならない。
　第七条　満洲中央銀行に対し、法人所得税を課しない。
　第八条　都合により満洲中央銀行を解散しなければならない場合、その処理方法を別途規定する。
　第九条　民法第三十四条、第三十五条および第五十六条の規定は、満洲中央銀行にも適用する。
　（注釈：一、民法第三十四条：法人は、理事またはそのほかの代表が職務を執行するときに他人に与えた損害に対して、賠償の責任を負う。但し、理事およびそのほかの代表者本人は、これにより損害に対する賠償の責任を逃れてはならない。法人の範囲内に属しない行為により、他人に損害を与えた場合、該決議事項に賛成していた社員、理事および執行理事、およびそのほかの代表者が連帯賠償責任を負う。
　二、民法第三十五条：法人の住所は、その主な事務所（弁事所）の所在地となる。
　三、民法第三十六条：代表権を以って善意たる第三者と対抗できないように、理事の代表権に対し制限を設ける。

第二章　職員
　第十条　満洲中央銀行に、総裁副総裁各一人、理事六人以内、監事三人以内を置く。
　第十一条　総裁は、満洲中央銀行を代表し、その業務全般を総理する。
　副総裁は総裁に事故があるとき、其の職務を代理し、総裁欠員のとき、其の職務を行う。
　総裁、副総裁に事故があるとき、経済部大臣が理事の一人に総裁の職務を代理するよう命じる。
　副総裁および理事は、総裁を補助し、定款の規定に従い満洲中央銀行の業務全般を分掌する。
　監事は、満洲中央銀行の業務およびその所属事業を監査する。
　第十二条　総裁または総裁の職務を代行する代理人およびその職務を行使する役員の利益と満洲中央銀行の利益が対立する場合、総裁或いは該役員は、該行を代表する権利を失う。
　前項の規定により代表権を有しない役員が総裁である場合は、副総裁がその職務を代行し、副総裁である場合は、経済部大臣が理事の一人を指定して代行を行わせ、理事である場合は、経済部大臣が他の理事一人

を指定して該事項に対し代表権を行使させる。

第十三条　満洲中央銀行の役員は、政府が任命する。

総裁、副総裁および理事の任期を三年とし、監事の任期を二年とする。

第十四条　満洲中央銀行の役員の報酬および手当の支給額は、政府の規定に従う。

第十五条　総裁は、満洲中央銀行総行、支行または出張所の業務に関して、全ての裁判または裁判以外の行為において権限を有する代理人を選任することができる。

第十六条　満洲中央銀行の役員は、他の職業に従事してはならない。但し、経済部大臣の許可を得た場合はこの限りでない。

第十七条　満洲中央銀行の職員は、法令の規定により、公務に従事する職員と看做す。

上記職員の範囲は、経済大臣が規定する。

第三章　業務と事業

第十八条　満洲中央銀行は、下記の業務を行う。

1、商業手形、銀行約束手形およびその他の手形の割引。

2、手形、国債およびそのほかの有価証券、地金銀およびそのほかの確実な担保のある貸付。

3、預金。

4、為替。

5、商業手形、銀行約束手形およびそのほかの手形の売買。

6、国債あるいは経済大臣に許可された債券の売買。

7、地金銀および外国通貨の売買。

8、手形の預り、保管預りおよび前記各業務に付随する業務。

第十九条　満洲中央銀行は、前条第一項における割引に関する割引率および同条第二項における貸付に関する貸付金利を規定するとき、経済部大臣の許可を得なければならない。それを変更するときも同様である。

満洲中央銀行は、前記の許可を受けた後、その内容を公布しなければならない。

第二十条　満洲中央銀行は、政府への貸付において担保を徴求しなくもよい。

満洲中央銀行は、経済部大臣の許可を得て、公共団体およびそのほか信用の高いものに対し、無担保貸付をすることができる。

満洲中央銀行は、国債および経済大臣に許可された債券を応募または引受することができる。

第二十一条　満洲中央銀行が貸付をするとき、経済部大臣の許可を得なければならない。

第二十二条　満洲中央銀行は、予め経済部大臣の許可を受けた銀行に預金することができる。

第二十四条　満洲中央銀行は、経済部大臣の許可を受けて、信用制度の保持および扶植のための必要な業務を行うことができる。

第二十五条　満洲中央銀行は、法令の規定により、国庫金および地方団体の公金を取扱うことができる。

第二十六条　満洲中央銀行は、本法律の規定以外の業務を行ってはならない。但し、満洲中央銀行の目的の達成に必要な場合、経済部大臣の許可を受けたときはこの限りでない。

第二十七条　満洲中央銀行は、政府による金融統制に協力するために、下記の業務を行う。

1、金融に関する政府の重要な計画の策定への参加。

2、関連の金融機関の資金吸収および運用の指導？

統制。

3、外国から導入した資金の統治。

4、金融機関の粛正およびその機能の発揮の促進。

5、金融事業と産業の密接な関係の促進。

第二十八条　経済部大臣は、満洲中央銀行の目的達成上必要と判断したとき、満洲中央銀行の業務および事業の進行を助けるために、銀行およびそのほかの金融機関に対し必要な命令を下すことができる。

第二十九条　満洲中央銀行は、経済部大臣の命令を受けたとき、又は第二十七条が規定する業務を完成するのに必要と判断したとき、銀行およびそのほかの金融機関に対し、業務および財務状況に関する報告書の提出を求めることができ、その業務を検査することができる。

満洲中央銀行は、前項の規定により報告書を求めるまたは検査を行うときは、経済部大臣に報告しなければならない。

第四章　経理

第三十条　満洲中央銀行は、各業務年度の経費予算を制定し、業務年度が開始する前に経済大臣の許可を得てそれを実施しなければならない。それを修正する場合も同様である。

第三十一条　満洲中央銀行は、各業務年度の後に、財産目録、賃貸対照表および損益計算書を作成し、業務年度が経過後二ヶ月以内に経済部大臣に報告し、審査を受けなければならない。

第三十二条　満洲中央銀行は、各該事業年度において、経済部大臣の許可を受けて、純利益金の百分の三十以上を準備金として積立てることができる。

本条の規定により、満洲中央銀行は、純利益金から前記の準備金を引いて剰余した金額を直ちに政府に上納しなければならない。

第三十三条　満洲中央銀行は、毎業務年度の業務状況を公告しなければならない。

第五条　監督

第三十四条　満洲中央銀行は、経済部大臣が監督する。

第三十五条　経済部大臣は、満洲中央銀行が任務を完成するために特に必要と判断したとき、満洲中央銀行に対し、必要な業務又は事業を行うことを命じることができ、定款およびそのほかの必要な事項の変更を命じることができる。

第三十六条　経済部大臣は、満洲中央銀行に対し、業務、事業および財産状況に関する報告書の提出を命じる権利を有し、業務および財産状況を検査し、監督上必要なそのほかの命令および処分を下す権利を有する。

第三十七条　経済部大臣は、満洲中央銀行監理官を特別に設置し、満洲中央銀行の業務および事業を監理させる。

第三十八条　満洲中央銀行監理官は、満洲中央銀行の業務および財産状況を何時でも検査することができ、満洲中央銀行に対し、業務、事業および財産状況に関する報告書の提出を命じることができる。満洲中央銀行監理官は、満洲中央銀行の各種の会議に出席し、意見を陳述することができる。

第三十九条　満洲中央銀行の役員が法令、定款あるいは経済部大臣の命令に違反し又は公益を害する行為をした場合と満洲中央銀行の任務を完成するのに特に必要と判断した場合、政府が免職処分を下すことができる。

附則（省略）

貨 幣 法

貨幣ノ製造及發行ノ權ハ政府ニ屬シ滿洲中央銀行ヲシテ之ヲ行ハシム
純銀ノ量目二三・九一瓦ヲ以テ價格ノ單位トシ之ヲ圓ト稱ス
貨幣ノ計算ハ十進トシ一圓ノ十分ノ一ヲ角ト稱シ百分ノ一ヲ分ト稱シ千分ノ一ヲ厘ト稱ス
貨幣ノ種類ハ左ノ九種トス

 紙　　幣　　　百圓、十圓、五圓、一圓、五角
 白銅貨幣　　　　一角、五分
 青銅貨幣　　　一分、五厘

紙幣ハ其ノ額ニ制限ナク法貨トシテ通用ス鑄貨ハ其ノ額面ノ百倍迄法貨トシテ通用ス
鑄貨ノ品位量目ハ左の如シ

 一　一角白銅貨幣　　總量　三瓦（ニッケル二五參和銅七五ノ割合）
 二　五分白銅貨幣　　總量　二瓦（ニッケル二五參和銅七五ノ割合）
 三　一分青銅貨幣　　總量　三・五瓦（銅九五、錫四、亜鉛一ノ割合）
 四　五厘青銅貨幣　　總量　二・五瓦（銅九五、錫四、亜鉛一ノ割合）

貨幣ノ樣式竝製造、發行、損幣引換及銷却ニ關シテハ敎令ヲ以テ之ヲ定ム
著シク汚染磨損又ハ毀損セル貨幣ハ其ノ額面價格ヲ以テ無手數料ニテ滿洲中央銀行ニ於テ之ヲ引換フ
鑄貨ニシテ模樣ノ認識シ難キモノ又ハ私ニ極印ヲ爲シ其ノ他故意ニ毀損セリト認ムルモノハ貨幣タルノ效力ナキモノトス
滿洲中央銀行ハ紙幣發行高ニ對シ三割以上ニ相當スル銀塊、金塊確實ナル外國通貨又ハ外國銀行ニ對スル金銀預ケ金ヲ保有スルコトヲ要ス
　前條ニ掲ケタル準備額ヲ控除セル殘餘ノ發行高ニ對シテハ公債證書、政府ノ發行又ハ保證セル手形其ノ他確實ナル證券若ハ商業手形ヲ保有スルコトヲ要ス
　滿洲中央銀行ハ紙幣及鑄貨ノ發行高竝準備ノ增減ニ關スル出納日表及每週平均高表ヲ作製シテ政府ニ進達シ且每週平均高ハ之ヲ公告スヘシ
　政府ハ滿洲中央銀行ノ監理官ヲシテ特ニ貨幣ノ製造及發行ヲ監督セシム監理官ハ何時ニテモ貨幣ノ發行高、未發行高及帳簿ヲ檢査スルコトヲ得
　從來流通シタル鑄貨及紙貨ニ關シテハ舊貨幣整理辦法ノ定ムル所ニ依ル

附　　　則
本法ハ公布ノ日ヨリ之ヲ施行ス

財政部令第三五號
　舊貨幣整理辦法第三條ヲ以テ規定スル新貨幣ニ對スル舊貨幣ノ換算率左ノ通定ム
　　大同元年六月二十八日

        財政部總長　　　熙　　治
        代理部務次長　　孫　其　昌

一　東三省官銀號發行兌換券（天津券ヲ含マス）　　　新貨幣一圓ニ付一圓
　　二　邊業銀行發行兌換券　　（天津券ヲ含マス）　　　新貨幣一圓ニ付一圓
　　三　遼寧四行號聯合發行準備庫發行兌換券　　　　　　新貨幣一圓ニ付一圓
　　四　東三省官銀號發行滙兌券　　　　　　　　　　　　新貨幣一圓ニ付五〇圓
　　五　公濟平市錢號發行銅元票　　　　　　　　　　　　新貨幣一圓ニ付六〇圓
　　六　東三省官銀號發行哈爾濱大洋票（有監理官印）　　新貨幣一圓ニ付一・二五圓
　　七　吉林永衡官銀錢號發行哈爾濱大洋票（有監理官印）新貨幣一圓ニ付一・二五圓
　　八　黑龍江省官銀號發行哈爾濱大洋票（有監理官印）　新貨幣一圓ニ付一・二五圓
　　九　邊業銀行發行哈爾濱大洋票（有監理官印）　　　　新貨幣一圓ニ付一・二五圓
　　十　吉林永衡官銀錢號發行官帖　　　　　　　　　　　新貨幣一圓ニ付五〇〇吊
　　十一　吉林永衡官銀錢號發行小洋票　　　　　　　　　新貨幣一圓ニ付五〇圓
　　十二　吉林永衡官銀錢號發行大洋票　　　　　　　　　新貨幣一圓ニ付一・三〇圓
　　十三　黑龍江省官銀號發行官帖　　　　　　　　　　　新貨幣一圓ニ付一六八〇吊
　　十四　黑龍江省官銀號發行四厘債券　　　　　　　　　新貨幣一圓ニ付一四圓
　　十五　黑龍江省官銀號發行大洋票　　　　　　　　　　新貨幣一圓ニ付一・四〇圓

　附　　　則
本令ハ大同元年七月一日ヨリ之ヲ施行ス

舊貨幣の整理

（一）東三省官銀號、邊業銀行及遼寧四行號聯合發行準備庫發行の現大洋票は舊貨幣整理辦法施行後（七月一日より實施）滿二年間、一圓對一圓の換算率にて新紙幣と同一の效力を有する。（舊貨幣整理辦法第二條、第三條、財政部令第三五號）
　（二）左記十二種の舊紙幣は辦法施行後滿二年間、次の如き換算率を以て新紙幣と同一の效力を有する。（同法第二條、第三條、同令第三五號）
　　一　東三省官銀號發行滙兌券（奉大洋票）　　　　　　五〇圓に付新貨幣一圓
　　二　公濟平市錢號發行銅元票（奉小洋票）　　　　　　六〇圓に付新貨幣一圓
　　三　東三省官銀號發行哈爾濱大洋票　　　　　　　　　一・二五圓に付新貨幣一圓
　　四　吉林永衡官銀錢號發行同上　　　　　　　　　　　一・二五圓に付新貨幣一圓
　　五　黑龍江省官銀號發行　同上　　　　　　　　　　　一・二五圓に付新貨幣一圓
　　六　邊業銀行發行　　　　同上　　　　　　　　　　　一・二五圓に付新貨幣一圓
　　七　吉林永衡官銀錢號發行官帖（吉林官帖）　　　　　五〇〇吊に付新貨幣一圓
　　八　同　　　　上　小洋票（吉小洋）　　　　　　　　五〇元　に付新貨幣一圓
　　九　吉林永衡官銀錢號發行大洋票（吉大洋）　　　　　一・三〇元に付新貨幣一圓
　　十　黑龍江省官銀號發行官帖（江省官帖）　　　　　　一、六八〇吊に付新貨幣一圓
　　十一　同　　　　上　四釐債券　　　　　　　　　　　一四圓に付新貨幣　一圓
　　十二　同　　　　上　大洋票（江省大洋）　　　　　　一・四〇元に付新貨幣一圓
　（三）從來流通したる奉天省の十進銅元は辦法施行後滿五年間、新貨幣一分青銅貨と同一の效力を有する。（第四條）
　（四）以上各種の舊貨幣は滿洲中央銀行總分支行に於て夫々の換算率により新貨幣と引換へらる？が、辦法施行後一年間は新貨幣に代へ東三省官銀號及邊業銀行發行の現大洋票を以て引換ふることを得とされてゐる。（第五條）右一箇年は新貨幣製造の準備期間と認められる。
　以上に依りて從來の發券銀行たる東三省官銀號、吉林永衡官銀錢號、黑龍江省官銀號及邊業銀行の發行せる各種紙幣の整理を遂行し、以て漸次に幣制の統一を期せんとしてゐる。

旧満洲貨幣対各種貨幣の兌換率一覧表

順番	券種	元の額面総額	兌換率	旧満州貨幣兌換後の金額
1	東三省官銀号発行兌換券（天津券含まず）	36,308,522.89	1元	36,308,522.89
2	辺行銀行発行兌換券（天津券を含まず）	7,348,757.90	1元	7,348,757.90
3	東三省官銀号発行匯兌券	949,673,135.50	50元	18,993,462.71
4	公済平市銭号発行銅元券	68,770,968.55	60元	1,146,182.81
5	東三省官銀号ハルビン大洋票	14,567,990.82	1元25	11,654,392.66
6	吉林永衡官銀号ハルビン大洋票	4,828,170.79	1元25	3,862,536.63
7	黒龍江省官銀号ハルビン大洋票	7,954,204.20	1元25	6,363,363.36
8	辺行銀行ハルビン大洋票	11,842,003.30	1元25	9,473,602.64
9	吉林永衡官銀号官帖	10,310,251,331.97	500吊	20,620,502.66
10	吉林永衡官銀号小洋票	11,849,286.00	50元	236,985.72
11	吉林永衡官銀号大洋票	9,065,488.74	1元30	6,973,452.87
12	黒龍江省官銀号官帖	8,176,574,895.00	1680吊	4,876,008.87
13	黒龍江省官銀号四厘債権	34,600,485.70	14元	2,471,476.64
14	黒龍江省官銀号大洋票	16,680,485.70	1元40	11,914,632.64
総計				142,234,881.00

年号対照表

西暦	中華民国年号	日本年号	旧満洲国の年号
1931年	民国20年	昭和6年	
1932年	民国21年	昭和7年	大同元年
1933年	民国22年	昭和8年	大同2年
1934年	民国23年	昭和9年	大同3年、康徳元年
1935年	民国24年	昭和10年	康徳2年
1936年	民国25年	昭和11年	康徳3年
1937年	民国26年	昭和12年	康徳4年
1938年	民国27年	昭和13年	康徳5年
1939年	民国28年	昭和14年	康徳6年
1940年	民国29年	昭和15年	康徳7年
1941年	民国30年	昭和16年	康徳8年
1942年	民国31年	昭和17年	康徳9年
1943年	民国32年	昭和18年	康徳10年
1944年	民国33年	昭和19年	康徳11年
1945年	民国34年	昭和20年	康徳12年

関係年表

西暦	出来事
1841年	アヘン戦争開戦（1月）。
1842年	南京条約（8月）。
1850年	太平天国の乱（12月）。
1853年	官票と宝鈔発行。
1889年	光緒元宝鋳造。
1894年	日清戦争開戦（7月）。清朝政府が官帖の発行を決定。
1895年	下関条約調印（5月）。
1897年	中国通商銀行開業（5月）。
1898年	奉天に華豊官帖局設立。吉林に永衡官帖局成立。
1900年	横浜正金銀行が牛荘に支店開設（1月）。北清事変（7月）。
1904年	日露戦争開戦（2月）。チチハルに広信公司設立。
1905年	大清戸部銀行開業（8月）。ポーツマス条約調印（9月）。三国干渉（9月）。奉天官銀号設立。
1906年	南満洲鉄道株式会社（満鉄）設立（11月）。
1907年	交通銀行開業。
1908年	大清戸部銀行が大清銀行に改称（2月）。黒龍省官銀号設立。
1909年	永衡官帖局が永衡官銀銭号に改称（8月）。奉天官銀号が東三省官銀号に改称。
1910年	「幣制則例」公布（4月）。
1911年	大清銀幣鋳造（5月）。辛亥革命（10月）。
1912年	中華民国建国（1月）。中国銀行開業（2月）。溥儀が皇帝退位。清朝滅亡（2月）。孫文が袁世凱に臨時大総統の地位を譲る（3月）。
1913年	第二革命（7月）。袁世凱が大総統に就任（10月）。
1914年	国幣条例公布（2月）。袁像銀幣の鋳造開始。第一次世界大戦開戦（7月）。
1915年	対華二十一カ条要求（2月）。
1916年	張作霖が奉天督軍兼省長に就任。
1917年	広東軍政府成立（9月）。
1919年	パリ講和会議（5月）。五四運動（5月）。広信公司と黒龍江省官銀号が合併し、黒龍江広信公司開設（12月）。庫倫に辺業銀行開業。
1921年	上海で中国共産党設立（7月）。
1922年	第一次奉直戦争（4月）。
1924年	第一次国共合作（1月）。第二次奉直戦争（9月）。
1927年	四・一二クーデター（4月）。南京国民政府成立（7月）。井崗山革命根拠地成立（11月）。
1928年	張作霖爆殺事件（6月）。国民政府が中国統一（12月）。
1929年	東三省官銀号など現大洋票を発行（5月）。
1931年	満洲事変（9月）。
1932年	第一次上海事変（1月）。満洲国建国（3月）。満洲中央銀行設立（6月）。満洲国貨幣法制定（6月）。日満議定書調印（9月）。
1933年	廃両改元（3月）。銀本位鋳造条例公布（3月）。孫像銀幣鋳造開始。塘沽停戦協定（5月）。
1934年	満洲国が帝政移行（3月）。アメリカ政府がピットマン法制定（6月）。
1935年	幣制改革（11月）。満洲国幣が日本円と円元等価（11月）。冀東防共自治政府成立（12月）。
1936年	冀東銀行開業（6月）。湯崗子会議（10月）。満洲興業銀行設立（12月）。
1937年	盧溝橋事件（7月）。チャハル作戦（8月）第二次上海事変（8月）。察南自治政府成立（9月）。察南銀行開業（9月）。晋北自治政府成立（10月）。蒙古連盟自治政府成立（10月）。蒙疆銀行開業（11月）。南京占領（12月）。中華民国臨時政府成立（12月）。
1938年	中国連合準備銀行開業（3月）。連銀券の発行開始。中華民国維新政府成立（3月）。華興商業銀行開業（5月）。
1939年	ノモンハン事件（5月）。第二次世界大戦勃発（9月）蒙古連合自治政府成立（11月）。
1940年	中華民国国民政府（汪兆銘政権）成立（3月）。
1941年	中央儲備銀行開業（1月）。太平洋戦争開戦（12月）。
1942年	新満洲中央銀行法制定（10月）。満洲国基本国策大綱制定（12月）。
1945年	ソ連が満洲に侵攻（8月）。日本政府がポツダム宣言受諾（8月）。満洲国消滅（8月）。満洲中央銀行清算（10月）。

【著者紹介】

菅谷 信(すがや のぶ)

1929年、茨城県生まれ。日本貨幣協会理事。日本貨幣商協同組合会員。横浜貨幣倶楽部会長、中国の浙江省博物館の学術顧問をつとめる。松寶庵の屋号を持ち、菅谷金銀堂を経営する貨幣収集・研究家。60年近くにも及ぶ骨董品収集・研究活動は多岐にわたるが、古丁銀、大判、小判、近代貨などの貨幣、とりわけ旧満洲国とその関連貨幣と証券類の多種にわたる収集・研究には定評がある。

偽満洲國貨幣図鑑
──附 東北三省の貨幣および珍銭珍貨

2015年12月30日 初版第1刷発行　定価はカバーに表示してあります

著　者	菅谷 信
発行者	塚田敬幸
発行所	えにし書房株式会社
	〒102-0074　東京都千代田区九段南2-2-7-北の丸ビル3F
	Tel. 03-6261-4369　Fax. 03-6261-4379
	ウェブサイト　http://www.enishishobo.co.jp
	E-mail : takayukitsukada@gmail.com
印　刷	モリモト印刷（株）
製　本	（株）難波製本
編　集	塚田敬幸
歴史背景・解説	広中一成（三重大学講師）
組版／装丁	又吉るみ子

©NOBU SUGAYA 2015
ISBN978-4-908073-00-7
乱丁本・落丁本はお取り替えいたします

無断転載・複写・複製を禁ず
無断でのコピー・スキャン・デジタル化等の複製は著作権法上での例外を除き、著作権法違反となります。